श्रेष्ठ बनने के मार्ग पर
7 डिवाइन लॉज़

श्रेष्ठ बनने के मार्ग पर
7 डिवाइन लॉज़

स्वामी मुकुंदानंद

प्रकाशक
प्रभात प्रकाशन प्रा. लि.
4/19 आसफ अली रोड, नई दिल्ली-110002
फोन : 011-23289777 • हेल्पलाइन नं. : 7827007777
इ-मेल : prabhatbooks@gmail.com ❖ वेब ठिकाना : www.prabhatbooks.com

संस्करण
2025

अनुवाद
राहुल त्रिपाठी

पेपरबैक मूल्य
तीन सौ पचास रुपए

मुद्रक
यश प्रिंटोग्राफिक्स, नोएडा

———— ★ ————

SHRESHTHA BANNE KE MARG PAR 7 DIVINE LAWS
by Swami Mukundananda
(Hindi translation of 7 DIVINE LAWS TO AWAKEN YOUR BEST SELF)

Published by **PRABHAT PRAKASHAN PVT. LTD.**
4/19 Asaf Ali Road, New Delhi-110002
by arrangement with Harper Collins Publishers India Private Limited

ISBN 978-93-5521-015-9

₹ 350.00 (PB)

यह पुस्तक मेरे श्रद्धेय आध्यात्मिक गुरु जगद्गुरु श्री कृपालुजी महाराज को समर्पित है जिन्होंने दिव्य ज्ञान की शुद्धतम किरणों से दुनिया को प्रकाशित किया और इसमें दिव्य प्रेम की अच्छाई की मिठास भरी। उन्होंने अपने स्वयं के उदाहरण से सिखाया कि प्यार और देखभाल से आत्माओं के पोषण का क्या महत्त्व है, ताकि उन्हें एक शानदार भविष्य का अहसास हो सके। उन्होंने मानव जाति को भगवान के प्रति निस्स्वार्थ और निरंतर भक्ति के माध्यम से एक महान मूल्य-प्रणाली के निर्माण की सर्वोच्च प्रक्रिया के बारे में याद दिलाया। मुझे विश्वास है कि उनके आशीर्वाद से यह पुस्तक साधकों को प्रेरित और उन्नत करने में मदद करेगी, जिससे एक बेहतर विश्व का निर्माण होगा।

अनुक्रम

परिचय

हम सबकी इच्छा होती है बेहतर होने की। अपने सर्वश्रेष्ठ व्यक्तित्व को जगाने की इच्छा हमारे लिए वैसे ही स्वाभाविक है, जैसे आग के लिए ऊष्मा। हम चाहे जितने भी अच्छे हो जाएँ, एक इच्छा बरकरार रहती है—'मुझे और सुधार करना है। मैं अभी अपने स्वयं के आदर्श स्वरूप तक नहीं पहुँच सका हूँ।'

हमारे काम में भी विकास की ऐसी ही उत्कंठा हिलोरें मारती है। इसके बावजूद कि हमने जीवन में अब तक क्या-क्या हासिल कर डाला है, अंदर से एक आवाज उठती है, 'मैं अब भी संतुष्ट नहीं हूँ; मैं इससे भी बेहतर करना चाहता हूँ। मैं और बेहतर अभिभावक/बच्चा बनना चाहता हूँ; एक बेहतर पति/पत्नी, एक बेहतर अधिकारी/कर्मचारी, एक बेहतर शिक्षक/छात्र।' यह सूची अंतहीन होती है···

हमारी इस लालसा का स्रोत क्या है और यह इस कदर हमारा अभिन्न हिस्सा कैसे है? विकास की उत्कंठा रचनाकार की ओर से खुद आती है। श्रीमद्भगवद्गीता में लिखा है—

ममैवांशो जीवलोके जीवभूत: सनातन:। (15.7)

अर्थात् 'इस देह में यह जीवात्मा मेरा ही सनातन अंश है।'

प्रकृति के अनुसार, हर अंश अपने अंशी की ओर स्वाभाविक तौर पर आकर्षित होता है। चूँकि हमारा स्रोत ईश्वर है और वह सर्वोत्तम है, अत: हम भी उस ईश्वर के जैसा ही होने की लालसा रखते हैं। हम इसी तरह होने के लिए बनाए गए हैं। हमारी आत्मा की नियति ही पूर्णता है और इसलिए यह हमें और आगे विकास करने के लिए उकसाती रहती है।

आत्मा का विकास

अपने चारों ओर हम इस बात के गवाह हैं कि धरती की कोख में प्रकृति कार्बन के विकास को सहेज रही है, जो करोड़ों वर्षों में हीरे के रूप में हमारे सामने आता है। बेहद कम समय में कीचड़ घास में बदल जाता है, जिसे गायें खाती हैं और वह दूध में बदल जाता है। वही दूध आगे चलकर दही में परिवर्तित होता है, जिससे मक्खन निकाला जाता है; और अंतत: मक्खन घी में तब्दील हो जाता है, जिसे शुद्धता के प्रतीक के तौर पर पवित्र वेदी पर चढ़ाया जाता है।

हालाँकि, भौतिक उत्पादों, जैसे घी एवं हीरे, की रचना करना ही परम सत्ता की महानतम योजना का मूल उद्‌देश्य नहीं है; बल्कि प्रकृति का मुख्य उद्‌देश्य समस्त आत्माओं के विकास को पोषण देना है, ताकि वे जीवन की निरंतरता में परम चेतना की ओर बढ़ें। और जब तक हम उस दैवीय योजना को पूरा नहीं कर लेते, हम संतुष्ट नहीं हो सकते।

अमेरिकी दार्शनिक राल्फ वाल्डो इमर्सन ने अपने निबंध 'द ओवर-सोल' में बहुत बुद्धिमत्ता के साथ लिखा है—

> *हम मान लेते हैं कि मानव जीवन मतलबी है। लेकिन हमें कैसे पता चला कि यह मतलबी है? इस पुराने असंतोष का आधार क्या है? इच्छा और अज्ञानता की यह सार्वभौमिक भावना क्या है, जबकि बारीक सहज ज्ञान के जरिए आत्मा अपना बड़ा दावा करती है?*

हमारी आत्मा पर डाला गया परोक्ष दवाब, जिसकी ओर इमर्सन इशारा कर रहे हैं, उसे हमारे रचनाकार ने हमारे भीतर लिख रखा है, ताकि हम हमेशा आगे की ओर बढ़ना सुनिश्चित कर सकें। यह तभी शांत होगा, जब हम अपने अंदर मौजूद अनंत क्षमता को आजमा लेंगे।

प्रिय पाठक, आपने भी प्रगति के लिए अपनी आत्मा के इस दवाब को महसूस किया है और इसलिए आपने अपने सर्वश्रेष्ठ व्यक्तित्व को जगाने के लिए इस पुस्तक को चुना है।

उलझन, जो हम झेलते हैं

समस्या यह नहीं है कि हम पूर्णता नहीं चाहते हैं। समस्या यह है कि हम इसके लिए साल-दर-साल प्रयास करते हैं, लेकिन सफलता हासिल नहीं कर पाते। यह हमारी दशा है। हम सितारों तक पहुँचने की ख्वाहिश रखते हैं, लेकिन खुद को अपनी छोटी प्रवृत्ति से चिपका हुआ पाते हैं। हम अपना सिर आकाश की ओर तो रखते हैं, लेकिन हमारे पाँव धरती पर होते हैं।

व्यक्तिगत विकास और जीवन-परिवर्तन इतना मुश्किल क्यों है? क्या सृष्टि हमारे असफल होने की कामना करती है? बिल्कुल नहीं! ब्रह्मांड के भव्य डिजाइन के पीछे का उद्देश्य हमें सफल बनाना है। ब्रह्मांड के विधानों को लेकर हमारी खुद की अज्ञानता बाधा पैदा करती है। विकास और सिद्धि ज्ञान का नतीजा होते हैं, अज्ञानता का नहीं।

अध्यात्म रामायण कहती है—

अज्ञानमेवास्य हि मूलकारणम् (उत्तरकांड 5.9)

अर्थात् 'अज्ञानता ही समस्त विकासहीनता का मूल कारण है।' इस संबंध में एक मजेदार उदाहरण देखिए—

मैंने एक बिलबोर्ड विज्ञापन में एक कुत्ते को गुर्राते और एक बिल्ली को मन-ही-मन प्रसन्न देखा। कुत्ते के चेहरे पर यथासंभव आक्रामकता झलक रही थी और वह बिल्ली पर झपटने की कोशिश कर रहा था। फिर भी, मात्र कुछ कदमों की दूरी पर होते हुए भी बिल्ली बगैर किसी शिकन के सुकून से बैठी हुई थी और उसकी हरकतों पर आनंदित हो रही थी।

उस विज्ञापन में नीचे कैप्शन में लिखा था—ज्ञान की शक्ति!

कुत्ता पट्टे से बँधा था; वह अपने दायरे में केवल भौंक सकता था और गुर्रा सकता था। वहीं बिल्ली इस साधारण से तथ्य से अवगत थी—'कुत्ते में वह ताकत नहीं कि अपना पट्टा तुड़ा सके। जब तक मैं उसके दायरे से दूर हूँ, तब तक सुरक्षित हूँ।'

'पट्टे के विधान' के ज्ञान ने उस बिल्ली को आजादी से नवाजा और उसका मन सुकून से रह सका। अगर इतने छोटे से ज्ञान से इतना बड़ा अंतर पेश आ सकता है तो ब्रह्मांड के विधानों को जानने के बाद के लाभों के बारे में क्या कहा जा सकता है?

इस पुस्तक का उद्देश्य आपको अपने जीवन को संचालित करने वाले विधानों से अवगत कराना है और आप स्वयं को उनसे कैसे जोड़ सकते हैं, यह बताना है। पिछले तीन दशकों से मैं लाखों लोगों को इन विधानों के बारे में बता चुका हूँ और मैंने खुद इस ज्ञान के जरिए उनके जीवन में आए बदलावों को महसूस किया है। मुझे पूरा यकीन है कि इससे आपको भी लाभ होगा।

दिव्य विधान

हम सब जानते हैं कि पानी 100 डिग्री सेंटीग्रेड पर उबलता है, इसलिए हम उसे 95 डिग्री सेंटीग्रेड तक तरल रूप में देखकर हैरान नहीं होते, न तो हम इसके 100 डिग्री पर पहुँचते ही वाष्पीकृत होते देखकर चौंकते ही हैं; क्योंकि यह भौतिक विधानों के अनुरूप हो रहा होता है। प्रकृति के इन्हीं विधानों के तहत बिजली, चुंबकत्व, गुरुत्व, स्वास्थ्य, प्रकाश और ऐसी ही तमाम गतिविधियाँ संचालित होती हैं।

हम इंसानों ने भी समाज के नियमन के लिए विधान बनाए हैं। ये मानव-निर्मित विधान एक दिन संस्थागत होते हैं और दूसरे दिन खारिज भी किए जा सकते हैं। हालाँकि, प्रकृति के विधान अलग हैं। वे अनंत काल से वैध हैं और देश, काल व परिस्थिति से परे भी हैं। उदाहरण के लिए, हम चाहे कुतुब मीनार से कूदें या एफिल टावर से, दोनों ही परिस्थितियों में गुरुत्व के चलते हम नीचे जमीन पर आएँगे और हमें झटका लगेगा। इससे बहुत मामूली फर्क ही पड़ेगा कि हम विधानों को जानते हैं या नहीं और उनसे सहमत हैं या असहमत।

भौतिक घटनाओं को विनियमित करने वाले विधानों की तरह जीवन की यात्रा को नियंत्रित करने वाले आध्यात्मिक विधान भी हैं। उनका ज्ञान हमें यह समझने में मदद करता है कि सफलता कुछ लोगों को आसानी से क्यों मिल जाती

है; जबकि दूसरों के लिए संघर्ष बना रहता है? क्यों कुछ लोग अब भी अपने जूते ही पहन रहे हैं, जबकि बाकियों ने दौड़ पूरी भी कर ली है? इसकी खूबसूरती यह है कि प्रकृति के भौतिक विधानों की तरह जीवन में सफलता और पूर्णता को नियंत्रित करने वाले दिव्य विधान भी हमेशा के लिए मान्य हैं।

इस पुस्तक में हम जीवन के सात सबसे महत्त्वपूर्ण ईश्वरीय विधानों के बारे में चर्चा करेंगे। ये उपदेश, जो मानव अस्तित्व को नियंत्रित करते हैं, वैदिक शास्त्रों से रोशनी पाते हैं—

1. अनंत क्षमता का विधान,
2. उत्तरोत्तर विकास का विधान,
3. आस्थाओं का विधान,
4. आनंद का विधान,
5. उदात्तीकरण का विधान,
6. प्रेम का विधान,
7. संरक्षण का विधान।

क्या हैं ये विधान? इनकी जानकारी होने और इन्हें लागू करने से हमारा जीवन कैसे लाभान्वित हो सकता है?

मैं पूरी गंभीरता से यह भरोसा करता हूँ कि तमाम सवालों के जवाब जानने के लिए आप उतने ही उत्सुक हैं, जितना कि मैं बताने के लिए व्यग्र हूँ। इसलिए बगैर किसी और भूमिका के आइए आगे चलें—धीरे तथा क्रमबद्ध ढंग से—इस पुस्तक के सात अध्यायों के जरिए एक आनंदपूर्ण यात्रा की ओर।

1

अनंत क्षमता का विधान

मेधावी का निर्माण

मेन्सा एक अंतरराष्ट्रीय सोसाइटी है, जो परम बुद्धिमानों के मामले देखती है। इसमें दाखिला केवल उनको ही मिल पाता है, जिनका इंटेलिजेंट कोशेंट (IQ) परीक्षा में पर्सेंटाइल स्कोर अट्ठानबे या उससे ऊपर होता है। इस सोसाइटी में सौ के करीब देशों के लगभग 1,50,000 सदस्य हैं।

सोसाइटी के अस्तित्व में आने के लगभग आठ वर्ष बाद, सन् 1954 में, मेन्सा की सदस्य संख्या चार तक सिमटकर रह गई थी। उस संस्था को आज की गौरवमयी स्थिति में लाने का श्रेय जिस व्यक्ति को जाता है, वे विक्टर सेरेब्रायकॉफ थे, जो ऑस्ट्रिया से ताल्लुक रखते थे। उन्होंने इसकी अध्यक्षता तब सँभाली थी, जब यह संस्था खत्म होने के कगार पर खड़ी थी और अगले बीस वर्षों तक उन्होंने इस संस्था को नई ऊँचाइयों पर पहुँचाया और वर्ष 2000 में अपने देहावसान तक इसका नेतृत्व सँभाला।

यह दिलचस्प है कि बचपन में सेरेब्रायकॉफ को देखते हुए कोई भी यह अंदाजा नहीं लगा सकता था कि उन्हें ऐसी शानदार उपलब्धि हासिल होगी, जो हमेशा उनके आगे-आगे चलेगी। उनका जन्म एक अभावग्रस्त झुग्गी कॉलोनी में हुआ था। जब वे पंद्रह साल के थे तो उनके स्कूल शिक्षक ने उन्हें लेकर यह घोषणा कर दी थी, "तुम मूर्ख हो। तुम जीवन में कुछ भी हासिल नहीं कर सकते।"

अपनी मूर्खता से आश्वस्त हो चुके विक्टर ने स्कूल छोड़ दिया। अगले

सत्रह वर्षों तक वे छोटे घरेलु काम करते रहे। बाद में एक बार लकड़हारे का काम करते हुए उन्होंने सेना में नौकरी के लिए आवेदन किया। चयन प्रक्रिया के तहत उनका IQ टेस्ट भी लिया गया। वह IQ टेस्ट इस तरह तैयार किया गया था कि किसी को अधिकतम 161 नंबर मिल सकते थे। विक्टर का स्कोर इससे भी परे चला गया, जिसका मतलब था कि वे जीनियस थे।

ज्ञान के महज उस टुकड़े ने उनका जीवन बदल दिया। उन्होंने अपनी विधा के क्षेत्र में खुद को शिक्षित करने के लिए कड़ी मेहनत शुरू कर दी। वे लकड़हारा तकनीक के जानकार बन गए और जहाँ कभी वे नौकरों वाले काम करते थे, वहीं अब इस विधा पर पुस्तकें लिखने लगे। उन्होंने इंटेलिजेंस कोशेंट के विषय पर शोध शुरू किया और जल्दी ही उसके भी विशेषज्ञ बन गए। इस पर भी तमाम लोकप्रिय पुस्तकें उन्होंने लिखीं।

सेरेब्रायकॉफ के जीवन में वह अद्भुत पल क्या था? यह वह पल था, जब उन्होंने जाना कि वह मूर्ख नहीं, बल्कि एक जीनियस हैं। क्या ऐसा ही कोई पल आपके जीवन में भी आ सकता है? बिल्कुल, यदि केवल हम एक छोटी सी भूल को सुधार लें।

वह गलती, जो हमने की

विक्टर सेरेब्रायकॉफ की भाँति; हमने भी अपने बारे में गलत धारणाएँ जमा रखी हैं। एक भूल तो इस नश्वर शरीर को 'स्व' मान लेना ही है; जबकि शरीर तो मांस और हड्डियों को ढोने वाला महज एक झोला है। इसके साथ अपनी पहचान जोड़ना हमारी क्षमताओं में कमी करता है। इसकी बजाय अगर हम अपनी दिव्य आत्मा की प्रकृति का भान कर सकें तो हमारी चेतना उसी पल पदार्थ से अलग हो जाएगी। इसके बाद हम व्यक्तिगत विकास की असीम संभावनाओं के संपर्क में आ जाएँगे।

इसलिए श्रीमद्भगवद्गीता में आत्मा के ज्ञान के संदर्भ में पहला बिंदु जो सिखाया गया है—

अन्तवन्त इमे देहा नित्यस्योक्ताः शरीरिणः।
अनाशिनोऽप्रमेयस्य तस्माद्युध्यस्व भारत॥ (2.18)

"ओ भरत वंशज! प्राकृत शरीर नश्वर है, लेकिन आत्मा अविनाशी, अपरिमेय तथा अनादि है। अत: सभी दुर्बल विचारों को त्यागकर, अपने कर्तव्य का पालन करो।"

सैकड़ों वर्ष पहले हमारे देश में एक महान संत हुए थे श्री रमण महर्षि। उन्हें अपनी शिक्षाओं में आत्म-ज्ञान पर जोर देने के लिए जाना जाता था। जब अनुयायी अपनी समस्याएँ लेकर उनके पास आते थे और उस पर उनकी राय माँगते थे तो वे कहते, "सोचो, **कौन इन समस्याओं से घिरा है?** अगर तुमने अपना वास्तविक स्वभाव तलाश लिया तो तुम्हें कोई भी प्रभावित नहीं कर सकेगा।"

एक अनुयायी ने उनसे एक बार कहा था, "गुरुदेव, मेरे पास ढेर सारी समस्याएँ हैं। मैं क्या करूँ? और कृपया मुझे यह सोचने के लिए न कहिएगा कि **कौन इन समस्याओं से ग्रस्त है?**"

रमण महर्षि ने जवाब दिया, "सोचो, यह कौन है, जो कह रहा है—"कृपया मुझे सोचने को न कहें कि **कौन इन समस्याओं से ग्रस्त है?**""

रमण महर्षि का संदेश स्पष्ट था—हमें पहले खुद समझने का प्रयास करना चाहिए। बगैर हमारे उच्च कोटि के आध्यात्मिक स्वभाव के ज्ञान के हम तुच्छ और सांसारिक चीजों से बँधे रहेंगे।

हमारी आज की शारीरिक चेतना में हमारी स्थिति उस बाज की तरह है, जिसकी कहानी कुछ इस प्रकार है—

एक बाज का अंडा किसी तरह से मुरगी के अंडों के बीच आ गया। अपना अंडा मानते हुए मुरगी ने अन्य अंडों की तरह उसे भी सेया। इसका नतीजा यह हुआ कि कुछ दिनों बाद अंडा फूटने पर उसमें से बाज का बच्चा निकला। फिर वह मुरगी के चूजों के साथ ही पलने-बढ़ने लगा।

इसका नतीजा वही हुआ, जैसे 'बंदर को देखकर बंदर नकल उतारता है'। चूजों ने अपनी आवाज निकालनी शुरू की—'क्लक, क्लक, क्लक' और बाज

का बच्चा भी वैसी ही आवाज निकालने की कोशिश करने लगा। चूजे अपने पंख फड़फड़ाकर जमीन पर उछलते हुए चलने लगे। बाज के बच्चे ने भी वैसी ही नकल की। वह इस बात से अनजान था कि ईश्वर ने उसे जमीन से 10,000 फीट की ऊँचाई पर उड़ने की काबिलियत दे रखी है।

एक दिन, एक वयस्क बाज उड़ता हुआ वहाँ आया। बाज के बच्चे ने उसे बड़ी हैरत से देखा और उछलते हुए बोला, "वाह, कितना अद्‍भुत पक्षी है! यह इतने शानदार ढंग से कैसे इतनी ऊँचाई तक उड़ लेता है?"

चूजों ने जवाब दिया, "वह बाज है।" उसे 'पक्षियों का राजा' कहा जाता है। स्वाभाविक है, उसकी क्षमताएँ कहीं ज्यादा बड़ी होंगी ही। हम वह नहीं कर सकते, जो यह आसानी से कर सकता है।"

नन्हे बाज ने चूजों के प्रवचन का भरोसा किया और वही चूजों की तरह पंख फड़फड़ाना और उनकी तरह आवाजें निकालने वाली अपनी दयनीय जिंदगी जीना जारी रखा। कितने दुःख की बात है! वह आसमान में राज करने के लिए पैदा हुआ था, लेकिन उसके पालन-पोषण ने उसे जमीन पर ही उछल-कूद करने लायक रहने दिया!

बाज की तरह हम भी अपनी आत्मा के प्रताप से उसी तरह चमकने के लिए बने थे, लेकिन शारीरिक अवधारणाओं की औसत दर्जे की चाहरदीवारी में भ्रमित होकर सिमट गए। जैसा कि एक कवि ने कहा था, *फूल चुनने आए थे बागे-हयात में, खार झार में दामन उलझकर रह गए।* 'हम आए तो थे जिंदगी के बगीचे में फूल चुनने, लेकिन अस्तित्व की उथल-पुथल में काँटों में उलझकर रह गए।'

हमारी आत्मा की प्रकृति का अहसास होने पर हमारी क्षमता क्या हो सकती है? अगला खंड इस प्रश्न का उत्तर देता है।

हमारी आत्मा की भव्य नियति

आत्मा की आभा इस तथ्य से आँकी जा सकती है कि यह ईश्वर का सूक्ष्म हिस्सा है। वेदांत दर्शन कहता है—*अंशो नाना व्यपदेशात्* (2.3.43), अर्थात्

'सभी आत्माएँ परमात्मा का शाश्वत अंश हैं।' दूसरे शब्दों में, हम भी ईश्वर के समान दिव्य हैं।

एक छोटी सी चिनगारी और भयानक आग का उदाहरण लें। आग पूरे जंगल को जलाकर राख कर सकती है। एक छोटी सी चिनगारी इसकी तुलना में कुछ भी नहीं है। फिर भी, एक चिनगारी पूरे जंगल में आग लगाने की क्षमता रखती है। **इसी प्रकार, परमात्मा के अंश के रूप में हमारी आत्मा में निहित असीम संभावनाएँ हैं।**

अब दूसरी वजह के बारे में जानें—जो और भी ताकतवर है—उस शानदार भविष्य के लिए, जो हमारा इंतजार कर रहा है। इसके पीछे वजह यह है कि ईश्वर स्वयं अपनी विलक्षणता को हमारे साथ साझा करना चाहता है। वेदों में ईश्वर के लिए ब्रह्म शब्द का प्रयोग किया गया है। जगद्गुरु श्री कृपालुजी महाराज ने ब्रह्म का अर्थ बताया है—

ब्रह्म वृहत्वात् अस बड़ा, जाको आदि न अंत।
बड़ा बृंहणत्वात् अस, औरन करे अनंत॥

(*भक्ति शतक,* दोहा 51)

इस दोहे के अनुसार ब्रह्म की परिभाषा दो हिस्सों में दी जा सकती है—

1. ब्रह्म वह है, जिसकी विशालता अनंत है। यह जाहिर है, क्योंकि ईश्वर ने असंख्य ब्रह्मांडों को अपने अंदर सहेज रखा है।
2. ब्रह्म वह है, जो दूसरों को भी विशाल बनाता है। ईश्वर की दूसरी परिभाषा हमारे लिए ज्यादा प्रासंगिक है। **ईश्वर चाहता है कि उसके छोटे-छोटे हिस्से भी दिव्य गुणों के साथ विकास करें और उसके जैसे ही संपूर्ण हो जाएँ।**

इसलिए, अपने सर्वश्रेष्ठ व्यक्तित्व को जगाना अहंकारी भूख नहीं है, बल्कि यह ईश्वर की हमसे अपेक्षा है। दरअसल, ऐसा सोचना गलत है, 'मैं हमेशा पाप का भागीदार ही रहूँगा और इसमें कुछ नहीं किया जा सकता है।' स्वामी विवेकानंद ने बिल्कुल स्पष्ट तौर पर कहा था—

ये धर्मगुरु अनोखे नहीं थे; वे भी हमारी-आपकी तरह मनुष्य ही थे। उन्होंने परम चेतना हासिल कर ली थी और आप तथा हम भी वैसा कर सकते हैं। तथ्य यह है कि यदि एक व्यक्ति उस स्तर तक पहुँच सकता है तो समस्त मानव भी वैसा कर सकते हैं। और अंततः वही धर्म है।

स्वाभाविक है कि हम इतिहास के संतों, जैसे—सूरदास, तुलसीदास, मीराबाई, तुकाराम, गुरु नानक, कबीर और नरसी मेहता की पूजा करते हैं। लेकिन केवल उनको मंदिर में स्थापित कर पूजा करना ही हमारा लक्ष्य नहीं है, बल्कि हमें यह भी कोशिश करनी चाहिए कि हम उन जैसा बन सकें—गुणों और विशेषताओं में उन जैसे हो सकें। यही वास्तविक आध्यात्मिकता कही जाएगी।

इसी तरह का विचार बाइबल में भी प्रस्तुत है—'पूर्ण बनो, बिल्कुल वैसे ही, जैसे स्वर्ग में बैठे तुम्हारे पिता पूर्ण हैं।' (मैथ्यू 5:48)

इन उदाहरणों की सहायता से, शास्त्रों के उद्धरणों एवं तर्क से हम अब पहला दिव्य विधान समझने की स्थिति में हैं—

अनंत क्षमताओं का विधान

समस्त जीवों में विकास की अनंत क्षमता विद्यमान है,
उनकी वर्तमान स्थिति चाहे जैसी भी हो।

इस वाक्य में 'क्षमता' शब्द का विशेष महत्त्व है। यह आशा जगाता है और हमें भविष्य को लेकर आशावादी बनाता है तथा हमें प्रोत्साहित करता है कि हम महान उपलब्धियों को हासिल करने के लिए योजना तैयार करें। इस सकारात्मकता को आगे 'अनंत' शब्द से ओज मिलता है, जिसमें यह संदेश निहित है कि विकास करने के लिए हमारे पास संभावनाएँ किसी सीमा में नहीं बाँधी जा सकती हैं।

इस विधान की जानकारी से लैस होकर हम अपनी मनःस्थिति का विकास कर सकते हैं। वह क्या है ? आइए, अगले खंड में इसके बारे में जानते हैं।

स्थिर बनाम विकास की मानसिकता

बहुत से लोग 'स्थिर मानसिकता' के होते हैं। वे मानकर चलते हैं कि उनकी काबिलियत भाग्य या हालात से तय हो चुकी है और अब उसमें आगे बदलाव या विकास संभव नहीं है। इस तरह, वे अपनी क्षमताओं को बढ़ाने की कोशिश ही नहीं करते। 'जब हमारी प्रगति हमारे भाग्य से ही तय हो चुकी है तो हम क्यों प्रयास करें?' इस वाक्य पर सोचते हुए वे औसत दर्जे का जीवन गुजार देते हैं। इस तरह, वे असीम मानव क्षमताओं को नष्ट कर डालते हैं।

सबसे बड़ी आपदा प्राकृतिक संसाधनों की बरबादी नहीं होती। **इस दुनिया में सबसे बड़ी बरबादी मानव संसाधन की बरबादी होती है—'स्थिर मानसिकता' के लोगों की क्षमताएँ अनछुई ही रह जाती हैं।** नतीजतन, सबसे बड़ी वैश्विक प्रगति तभी होगी, जब ऐसे लोग अपना दृष्टिकोण बदलें और 'विकासोन्मुख मानसिकता' अपनाएँ।

'विकासोन्मुख मानसिकता' क्या होती है? यहाँ एक शानदार उदाहरण से इस पहलू को खूबसूरती से समझाया गया है, जिससे मामला जीवंत हो जाता है।

पाब्लो कैसल्स स्पेन के विश्व-प्रसिद्ध वायलिन वादक थे। वे पंचानबे साल की उम्र तक धरती पर रहे और अंत तक संगीत का अभ्यास करते रहे।

उनके जीवन के आखिरी साल में एक पत्रकार ने पूछा, "श्रीमान कैसल्स, आप पंचानबे साल के हो गए और अब तक के महानतम सेलिस्ट कहे जाते हैं। अब भी आप रोजाना छह घंटे इसका अभ्यास क्यों करते हैं?"

पाब्लो कैसल्स ने शानदार जवाब दिया, "क्योंकि मैं सोचता हूँ कि मैं अब भी और बेहतर कर सकता हूँ।"

यह होती है 'विकासोन्मुख मानसिकता'। श्रीमान कैसल्स जैसे लोग अपने जीवन में चमकते हैं, क्योंकि वे अपनी प्रतिभा को पूर्व निर्धारित नहीं मानते। उनका भरोसा नित्य अभ्यास में होता है, जिसमें प्रगति की अनंत संभावनाएँ होती हैं। इसलिए, कभी अपनी बेहतरी से संतुष्ट नहीं होते। वे निरंतर और बड़ी

सफलता की ओर अपने विस्तार के प्रयास में जुटे रहते हैं।

इस बिंदु पर, मैं आपको रोकना चाहूँगा, क्योंकि मैं यह स्पष्ट करना चाहता हूँ कि सफलता का मतलब यह कतई नहीं है कि आपके बैंक बैलेंस के आँकड़े बढ़ते जाएँ या आपके घर के बेडरूम की संख्या में विस्तार होता रहे। **वास्तविक सफलता हमारी आत्मा का खिलना है कि हम कौन हैं और क्या करते हैं। जीवन में सफलता के लिए हम जितना हो सके, उतना बेहतर हों और जितने भी श्रेष्ठ कार्य कर सकें, उन्हें करें।** और खुद में यह भरोसा रखें कि हम वैसे बन सकते हैं, यही प्रगतिशील दृष्टिकोण कहलाता है।

आधुनिक जगत के विलक्षण वास्तुविदों में फ्रैंक लॉयड राइट की एक पहचान है। उनकी रचनात्मकता का दौर करीब सत्तर वर्षों तक रहा, जिसमें उन्होंने 1,000 से ज्यादा इमारतों के डिजाइन तैयार किए। उनमें से तमाम तो दुनिया की जानी-मानी स्मारक भी घोषित हो चुकी हैं, जैसे—न्यूयॉर्क का गुगेनहेम म्यूजियम और लॉस एंजेलेस का हॉलीहॉक हाउस।

अगर उनसे कोई पत्रकार कभी पूछता, "आपने अनगिनत इमारतें डिजाइन की हैं। उनमें से आपको कौन सी श्रेष्ठ लगती है?" तो उनका जवाब होता, "मेरी अगली डिजाइन।"

फ्रैंक लॉयड राइट का जवाब उनकी विकासोन्मुख मनःस्थिति को उजागर करता है। हर बार जब भी उन्होंने एक नई इमारत का डिजाइन तैयार किया, उनका लक्ष्य पिछली इमारत से और बेहतर डिजाइन तैयार करने का होता। वे चाहते तो बहुत आसानी से संतुष्ट हो सकते थे, क्योंकि वे पहले ही अपने पेशे में दुनिया में डंका बजा चुके थे, कोई उनकी टक्कर में नहीं था। लेकिन उनकी प्रतिस्पर्धा किसी और से नहीं थी, बल्कि अपने आप से थी। उनका जुनून खुद को विस्तार देने में था।

इस उदाहरण से हम देखते हैं कि **प्रगति अपने आप नहीं होती। यह तब सक्रिय होती है, जब हम अपने क्रिया-कलापों को लेकर खुद से उत्कृष्टता का वादा करते हैं।** अध्यात्म की स्थिति में, आप संतों के जीवन से

समर्पण की सीख ले सकते हैं। वे दृढ़ संकल्प के साथ ज्ञान की तलाश करते हैं। उनका संकल्प होता है कि कठिनाइयों के सामने वे और भी ज्यादा हठी साबित होंगे। उदाहरण के लिए, ध्रुव (राजा उत्तानपाद का पुत्र) केवल चार वर्ष का था, जब उसने ईश्वर की खोज शुरू कर दी थी। जिस काम में लाखों लोग विफल हो जाते हैं, उसमें वह कैसे सफल हुआ? उत्तर बहुत सरल है। जब वह वन में तपस्या के लिए गया तो उसने अपने आध्यात्मिक अभ्यास की तीव्रता लगातार बढ़ाना जारी रखा, जब तक कि उसने ईश्वरीय कृपा को अपनी ओर आकर्षित नहीं कर लिया और अपना लक्ष्य नहीं हासिल कर लिया।

यही विधान हम सबकी गतिविधि के तमाम हिस्सों पर भी लागू होता है। थॉमस वाटसन सीनियर इंटरनेशनल बिजनेस मशीन्स (आई.बी.एम.) के महानतम सी.ई.ओ. थे। उनकी कंपनी की नीति थी—'इस सेकंड में भी, उत्कृष्ट काम से अगर कुछ कम कर रहे हों तो छोड़ दें।' खुद को और अपने अधीनस्थों को इतना विस्तार देने के ऐसे समर्पण का ही नतीजा था कि उन्होंने वर्ष 1914 से 1956 के बीच कंपनी के विकास की स्टियरिंग थामी और उसे अंतरराष्ट्रीय कॉरपोरेट दिग्गज के रूप में स्थापित कर दिखाया।

अनंत क्षमता के विधान की जानकारी के अभाव का ही नतीजा होता है कि लोग हारने वाली मानसिकता विकसित कर लेते हैं, जो कि बेहद दुर्भाग्यपूर्ण है। उनकी तुलना उस बाज से ही की जा सकती है, जिसके बारे में मैंने आपको पहले बताया था, जो यह मान बैठा था कि वह मुरगी का चूजा है। क्या यह दयनीय नहीं है? इससे भी बुरा तो यह है कि इंसान ही मान बैठे कि अब वह और विकास नहीं कर सकता और अपने ठहराव को जायज ठहराने के लिए बेबुनियाद बहाने बनाता है।

क्या हैं ये बहाने? अगला खंड इसी पर विस्तार से प्रकाश डालता है।

हारने वाले की लँगड़ी चाल

आपने इस तरह के दृश्य प्राय: क्रिकेट के खेल में देखे होंगे। बल्लेबाज गेंद पर करारा प्रहार करता है, गेंद मिडफील्डर के सिर के ऊपर से निकलती है। चूँकि

आउटफील्ड धीमी होती है, फील्डर सोचता है कि उसके पास गेंद को पकड़ने का मौका है, इससे पहले कि वह बाउंड्री पार कर जाए। वह मुड़ता है और गेंद के पीछे दौड़ता है; लेकिन गेंद का पीछा करने के दौरान एक जगह आकर उसे लगता है कि अब वह गेंद नहीं पकड़ पाएगा।

अचानक फील्डर धीमा हो जाता है और लँगड़ाने लगता है, मानो उसके पाँव में खिंचाव आ गया हो या उसका पैर मुड़ गया हो। दर्शक कहते हैं, 'ओह, उस बेचारे को देखो! उसने खुद को ही चोट पहुँचा ली। नहीं तो वह गेंद पकड़ ही लेता।'

इसे ही 'हारने वाले की लँगड़ी चाल' कहते हैं, यानी विफलता को जायज ठहराने की कोशिश! क्या आपने कभी खुद को ऐसा करते पकड़ा है, या दूसरों को लँगड़ी चाल चलते देखा है? यहाँ मैंने कुछ विशेष रूप से की जाने वाली बहानेबाजियों का जिक्र किया है, जिसमें मैंने जवाब देने की कोशिश की है।

हारने वाले की लँगड़ी चाल : 'मैं अपने पेशे में चमक नहीं सका, क्योंकि मैं पैदाइशी इंजीनियर/डॉक्टर/वकील आदि नहीं था।'

प्रत्युत्तर : 'मेरे प्यारे दोस्त, मैं तमाम देशों की यात्राओं पर जा चुका हूँ। हर जगह मैंने महिलाओं को लड़के व लड़कियों को जन्म देते सुना है। मैंने कभी यह नहीं सुना कि माताओं ने इंजीनियर या डॉक्टर या वकील पैदा किया हो। इससे साफ है कि लोग इंजीनियर/डॉक्टर/वकील आदि के तौर पर पैदा नहीं होते, बल्कि अपने प्रयासों से वैसा बनते हैं। अगर आपकी सफलता हासिल करने की शर्त बतौर विशेषज्ञ पैदा होना है तो निश्चित तौर पर, आप खुद को विफलता के लिए तैयार कर रहे हैं।'

हारने वाले की लँगड़ी चाल : 'काश, मैं उसकी तरह गा पाता तो मैं निश्चित रूप से सफल होता।'

प्रत्युत्तर : 'देखिए, यह अंदाजा लगाने का कोई मतलब नहीं है कि अगर आप में दूसरों की प्रतिभा होती तो आप क्या कर गुजरे होते! कहने का मतलब यह है कि जीवन दूसरों की क्षमताओं के बल पर काम करने के लिए नहीं बना

है, बल्कि खुद को श्रेष्ठ तरीके से तैयार करने पर ध्यान देना चाहिए; और यही एक तरीका है ज्यादा प्रतिभा विकसित करने का।'

हारने वाले की लँगड़ी चाल : 'मेरी कमी के लिए मेरे माँ-बाप जिम्मेदार हैं। उन्होंने मेरे पालन-पोषण में गलतियाँ की हैं।'

प्रत्युत्तर : 'ऐसा हो सकता है, लेकिन हर कोई उत्तम नहीं होता। अब इस बारे में सोचें—अगर दोषारोपण आपकी आदत है तो आपकी बाहरी परिस्थितियाँ चाहे जैसी भी हों, आप हमेशा उसी उधेड़-बुन में पड़े रहेंगे। जीवन के खेल में केवल वे लोग ही सफल होते हैं, जो अपने जीवन की जिम्मेदारी खुद उठाते हैं। वे समाधानों पर ध्यान केंद्रित करते हैं, बजाय कि समस्याओं पर रोने-धोने के; और नतीजे के तौर पर वे जो कुछ भी करते हैं, उसमें प्रभावी साबित होते हैं।

'इसके अतिरिक्त, यह न भूलें कि अगले जन्म में बेहतर माँ-बाप पाने के लिए आपको मौजूदा जीवन में बेहतर प्रदर्शन करने पर ध्यान केंद्रित करना होगा। इसे 'कर्म का विधान' कहते हैं। आप जिस योग्य हैं, जीवन में आपको वही मिलता है, न कि आप क्या इच्छा करते हैं।'

हारने वाले की लँगड़ी चाल : 'मैं पैदाइशी सफल नहीं हूँ। मेरे खराब प्रदर्शन के पीछे यही वजह है।'

प्रत्युत्तर : 'सुनिए, मैंने बहुतों को सुना है, जो कहते हैं कि उन्होंने खुद अपनी तकदीर लिखी है। लेकिन मैंने ऐसा कोई शख्स नहीं देखा, जो यह कहे कि मैंने खुद अपनी विफलता की कहानी लिखी है। यह समझने की जरूरत है कि कोई भी व्यक्ति सफल या विफल पैदा नहीं हुआ। सफलता की कुंजी अनुशासन और निरंतर प्रयास है। कठिन परिश्रम का कोई विकल्प नहीं होता। सफलता का मतलब है—राह में आने वाली बाधाओं का आकलन या अनुमान लगाना और उन्हें रास्ते से हटाना, इससे पहले कि वे बाधाएँ आपको रास्ते से हटा दें।'

हारने वाले की लँगड़ी चाल के हजारों बहानों में से ये कुछ चुनिंदा नमूने मात्र हैं। हमें तत्काल इस तरह की बरगलाने वाली प्रवृत्ति को दूर कर देना चाहिए, जो हमें औसत दर्जे के जीवन-यापन में उलझाए रखती है और अपने

आप को जीवन एवं काम के क्षेत्र में उत्कृष्टता की ओर उन्मुख करना चाहिए। हम चाहें तो इस वैदिक मंत्र से भी प्रेरणा हासिल कर सकते हैं—

उत्तिष्ठत जाग्रत् प्राप्य वरान्निबोधत।

(*कठोपनिषद्*, 1.3.14)

'उठो, जागो और तब तक मत रुको, जब तक लक्ष्य न प्राप्त हो जाए।'

सफल जीवन की तलाश को जारी रखने के लिए हमारे भीतर अपार शक्ति वाला इंजन विद्यमान है। आइए, इसके संदर्भ में अगले खंड में जानकारी प्राप्त करते हैं।

हमारे भीतर है सौ हॉर्सपावर का इंजन

भारत के झारखंड राज्य के एक आदिवासी गाँव में रामदास माझी नाम के व्यक्ति रहते थे। उनके गाँव के गरीब लोग कपास की खेती पर अपना गुजर-बसर करते थे, जो कि उस सूखे व पथरीले इलाके में एकमात्र फसल थी, जो वहाँ उगाई जा सकती थी। अन्य गाँववालों की ही तरह रामदास माझी भी मिट्टी की दीवार से तैयार फूस की झोंपड़ी में रहते थे। वे अपने मिलनसार स्वभाव की वजह से सभी के सम्माननीय थे और गाँव के मुखिया भी थे।

एक बार रामदास माझी सरकार की तरफ से छुट्टी बिताने कोलकाता गए हुए थे। वहाँ उनके हाथ दस करोड़ रुपए का एक जैकपॉट लग गया। गाँव लौटने पर उनका जीवन-स्तर बदलने लगा। अन्य चीजों के अलावा, उन्होंने अपने लिए तीन मंजिला ईंटोंवाला एक घर बनवा लिया और एक रॉल्स-रॉयस कार खरीद ली।

अब, शाम को वे सैर-सपाटे के लिए गाँव में अपनी रॉल्स-रॉयस लेकर निकलते। वह कार बहुत धीमे-धीमे आगे बढ़ती। उसमें बैठकर रामदास कभी बाएँ तो कभी दाएँ आते-जाते लोगों से मिलते और बातें करते। अपने मिलनसार स्वभाव के चलते वे अपनी कार से चलकर अपने हर जानने वाले के पास मिलने और हाल-चाल जानने के लिए पहुँच जाते। इसके चलते रास्ते से उनका ध्यान भटक जाता, लेकिन रॉल्स-रॉयस से कभी वहाँ कोई हादसा नहीं हुआ। क्यों?

इसकी वजह यह थी कि उन्होंने कभी अपनी कार का इंजन स्टार्ट ही नहीं किया। उनके पास दो घोड़े थे, जो उस कार को घोड़ागाड़ी की तरह खींचते थे। कितने दुःख की बात है! रॉल्स-रॉयस में सौ हॉर्सपावर का इंजन होता है। कार के बोनट के नीचे छिपी अपार क्षमताओं से अनजान रामदास माझी उसे दो घोड़ों के जरिए खिंचवा रहे थे!

रॉल्स रॉयस के बोनट के नीचे मौजूद ताकतवर इंजन बगैर इस्तेमाल हुए बेकार पड़ा रहा। क्या आपने कभी कल्पना की है कि आपके बोनट के नीचे क्या भरा पड़ा है? अनंत शक्ति से भरपूर इंजन, जो कि सर्वशक्तिमान ईश्वर का ही एक अंश है। आपकी आत्मा में छिपी इस शक्ति की जरा कल्पना करें!

आप कह सकते हैं—'हम अपने आंतरिक इंजन की ताकत तक कैसे पहुँच सकते हैं? हम अपने अंदर जाकर अपनी आत्मा तक कैसे पहुँच सकते हैं?' इसके लिए मैं आपको एक कहानी सुनाता हूँ।

बीती सदी में आधुनिक भारत के प्रमुख चित्रकार और शिल्पज्ञ रामकिंकर बैज पश्चिम बंगाल के शांतिनिकेतन स्थित विश्व भारती विश्वविद्यालय के फाइन आर्ट्स विभाग, कला भवन के संकाय सदस्य थे। विश्व भारती विश्वविद्यालय की परिकल्पना और स्थापना रवींद्रनाथ टैगोर ने की थी और यह विश्वविद्यालय दुनिया भर में साहित्य, भाषा, तुलनात्मक साहित्य एवं फाइन आर्ट्स का जाना-माना केंद्र है।

आधुनिक भारत में शिल्प कला को लोकप्रिय बनाने का श्रेय श्री बैज को जाता है। एक दिन वे बुद्ध की पाषाण प्रतिमा का लोकार्पण कर रहे थे, जिसे उन्होंने विशेष रुचि के साथ तैयार किया था।

प्रेस रिपोर्टर ने उनसे वह रहस्य पूछा, जिसके द्वारा उन्होंने प्रतिमा को इतना गहरा और 'बुद्ध जैसा' बना दिया।

उन्होंने उत्तर दिया, "जब मैंने पत्थर के इस टुकड़े को देखा तो मुझे इसमें बुद्ध नजर आए। मुझे केवल इतना भर करना पड़ा कि जो हिस्सा बुद्ध जैसा नहीं था, उसे केवल हटाना था।" यह बहुत आसान था।

इसी तरह से, अगर हम अपने अंदर निहित अपनी दिव्य प्रकृति तक पहुँचना चाहते हैं तो हमें भी उन विकृतियों को दूर करना होगा, जो हमारे दृष्टिकोण, मूल्यों और विश्वासों को खराब कर देती हैं। ये विकृतियाँ दो तरीके से हमें सीमित करती हैं। पहला, वे हमें स्थिर मन:स्थिति के झाँसे में रखती हैं। लेकिन उससे भी बढ़कर, वे हमें सफलता के असल मायने को लेकर भ्रम में रखती हैं। इस तरह, **भले ही हमारी मन:स्थिति प्रगति करने की हो, बौद्धिक विकृतियाँ हमारी सफलता की परिभाषा को बिगाड़ने का काम करती हैं। इस तरह, हम अपने आप को बदलने और सुबह से लेकर रात तक अर्थहीन लक्ष्यों का पीछा करने में उलझे रह जाते हैं,** जैसा कि नीचे दी गई कहानी में कुत्ते का हाल हुआ था।

एक बड़े से बँगले में मालिक का एक प्यारा पालतू कुत्ता रहता था। उस शिकारी कुत्ते को घर के सामने बगीचे में दौड़ना अच्छा लगता था। हर बार जब भी कोई कार बगल से गुजरती, वह कुत्ता उसका पीछा करता, भयानक तौर पर भौंकता, जब तक कि वह आँखों से ओझल न हो जाती। इसके बाद वह अगली कार के प्रकट होने का इंतजार करता और उसका भी इसी तरीके से पीछा करता। इस तरह, पूरे दिन वह सैकड़ों कारों का पीछा कर चुका होता।

कुत्ते का यह व्यवहार पड़ोसी को बड़ा मजेदार लगता। एक दिन उसने कुत्ते के मालिक से पूछा, "मैं इस बात से हैरान हूँ कि आपका कुत्ता इतनी कारों का पीछा करता है। क्या आज तक इसने ऐसा करते हुए एक भी कार पकड़ी है ?"

उस मिक्स ब्रीड के कुत्ते के मालिक ने जवाब दिया, "मैं इसकी चिंता नहीं करता। मैं तो यह सोचता हूँ कि इसने कभी किसी कार को पकड़ लिया, तब क्या करेगा ?"

कुत्ते के पास व्यर्थ का लक्ष्य था—बिना किसी उद्देश्य के कारों का पीछा करना। हमें भी इस पर चिंतन करना चाहिए कि जीवन में जिन लक्ष्यों का हम पीछा कर रहे हैं, क्या वाकई वे उतने अर्थपूर्ण हैं या व्यर्थ की भाग-दौड़ हो रही है ?

वैदिक शास्त्रों में भ्रम पैदा करने वाली विकृतियों को *विपर्यय* कहा गया है। महर्षि पतंजलि कहते हैं—

विपर्यय मिथ्याज्ञानं अतद्रूप प्रतिष्ठम् (*योगसूत्र* 1.8)

'*विपर्यय* स्वयं की त्रुटिपूर्ण समझ है, जो सटीक ज्ञान पर आधारित नहीं होता।'

श्रीमद्भागवत में *विपर्यय* की अवधारणा को और विस्तार से बताया गया है—

अनित्यानात्मा दुःखेषु विपर्यय मतिर्ह्यहम् (10.40.25)

इस श्लोक में महर्षि वेदव्यास कहते हैं कि प्राकृत शक्ति, माया के प्रभाव से हमारी बुद्धि तीन प्रकार के भ्रमों से ग्रस्त रहती है।

वे कौन सी विकृतियाँ हैं, जिन्हें हम सच की तरह मान बैठते हैं?

पहली बौद्धिक भ्रांति यह भ्रम है कि हमारा नश्वर शरीर हमेशा हमारे साथ ही रहने वाला है।

हम भूल जाते हैं कि एक दिन ऐसा आएगा, जब हमें अपनी एकत्र की हुई हर चीज यहीं छोड़ देनी है और यहाँ से आगे की अनंत यात्रा पर निकल पड़ना है। ब्रिटिश कवि थॉमस ग्रे जब इस सच्चाई का जिक्र अपनी कविता *एलेगी रिटन इन ए कंट्री चर्चयार्ड* में करते हैं, तो कहीं भी काट-छाँटकर नहीं बताते—

द बोस्ट ऑफ हेरल्ड्री, द पॉम्प ऑफ पावर,
एंड ऑल दैट ब्यूटी, ऑल दैट वैल्थ एवर गेव,
अवेट्स अलाइक द इनएविटेबल आर,
द पाथस ऑफ ग्लोरी लीड बट टू द ग्रेव

आइए, इस सबक को श्रीमद्भागवत के माध्यम से सीखें।

एक महान त्यागी संत, अवधूत दत्तात्रेय, एक बार राजा जीमुत्केतु के महल में गए। सिंहासन पर बैठे राजा से दत्तात्रेय ने पूछा, "हे राजन्! क्या मैं आपकी धर्मशाला में रात बिता सकता हूँ।"

क्रोधित राजा ने जवाब दिया, "हे साधु! जबान सँभालकर बोलें। मेरे पास यह शानदार महल है और आप इसे धर्मशाला घोषित कर रहे हैं?"

तब दत्तात्रेय ने राजा को विनम्रतापूर्वक बताया कि उन्होंने इस शब्द का प्रयोग क्यों किया। वे बोले, "राजन्! मैं करीब पचास वर्ष पहले इस महल में आया था। उस समय आप सिंहासन पर नहीं थे। तब एक लंबा पुरुष था, जिसके सिर पर बड़ी सी पगड़ी थी। वे संभवतः आपके दादाजी रहे होंगे। आपके सिंहासन के बाएँ वह जो पेंटिंग दीवार से लगी है, मुझे लगता है कि यह वही थे।"

उन्होंने आगे कहा, "दूसरी बार जब मैं पच्चीस बरस बाद आया था, तब तक आपके दादाजी गुजर चुके थे। इस जगह का राजा बड़ी मूँछोंवाला व्यक्ति था। मुझे लगता है, वे आपके पिताजी थे। आपके सिंहासन के दाईं ओर जो तसवीर दीवार से टँगी है, शायद ये वही हैं।

"इस बार आपके पिताजी नहीं नजर आ रहे हैं और अब आप इस जगह के राजा हैं। ऐसा प्रतीत होता है कि जो लोग इस महल में रहते हैं, वे बहुत थोड़े समय के लिए ही जीवित रहते हैं और बहुत जल्दी धरती छोड़ देते हैं। यही वजह है कि मैंने इस महल को धर्मशाला कह दिया।"

यह कहानी हमारे भौतिक संग्रह के अस्थायी स्वभाव पर प्रकाश डालती है, जिसे हम स्थायी मानने की भूल कर बैठते हैं। यही वजह है कि जगद्गुरु कृपालुजी महाराज बताते हैं कि एक बुद्धिमान पुरुष को कैसे रहना चाहिए—

जग में रहो ऐसे गोविंद राधे, धर्मशाला में यात्री रहे ज्यों बता दे।

(राधा गोविंद गीत)

'इस दुनिया में कुछ इस प्रकार रहो, जैसे किसी होटल में यात्री रुकते हैं। वे अपने कमरे के सौंदर्य संबंधी विषयों को महत्त्व नहीं देते हैं, क्योंकि उन्हें पता रहता है कि अगली सुबह उन्हें यह कमरा खाली ही करना है।'

हालाँकि, विकृत समझ के वशीभूत हम अस्थायी वस्तुओं को स्थायी

समझने की गलती कर बैठते हैं। स्वाभाविक है, हमारी मूल्योंवाली व्यवस्था और सच्ची सफलता का विचार इससे प्रभावित होता है।

दूसरी बौद्धिक गलतफहमी यह है कि हम अपने भौतिक शरीर को स्वयं के रूप में देखते हैं।

यह गलहफहमी कुछ वैसी ही है, जैसे मर्सिडीज कार में बैठे ड्राइवर से अगर उसकी पहचान पूछी जाए और वह जवाब दे, "मैं मर्सिडीज हूँ।" क्या आप ऐसे ड्राइवर को अज्ञानी मूर्ख नहीं कहेंगे? उसने गलती से खुद को भी कार ही समझ लिया।

हमारी गलती तो इससे कई गुना बड़े स्तर की कहलाएगी। अगर पूछा जाए, 'आप कौन हैं?' हम जवाब देते हैं अपनी राष्ट्रीयता, जाति, पेशे, संबंधों के शारीरिक उपाधियों के जरिए—'मैं भारतीय/अमेरिकी/इटैलियन…', 'मैं ब्राह्मण/क्षत्रिय…', 'मैं मारवाड़ी/गुजराती/पंजाबी…', 'मैं प्लांट अधीक्षक/प्रोफेसर/सी.ई.ओ.…', 'मैं उनकी पत्नी/बेटी/बहन हूँ'; और ऐसे ही तमाम पद-नामों का जिक्र हम करते हैं। हम अपने शारीरिक पद-नाम से खुद के होने का भ्रम रखते हैं।

दुर्भाग्य से, आधुनिक विज्ञान की परिकल्पना ने इस भ्रम को और मजबूती दे दी है। हालाँकि, व्यक्तिगत तौर पर ज्यादातर वैज्ञानिक निर्विकार आत्मा के अस्तित्व को स्वीकार करते हैं, लेकिन विचित्रता यह है कि एक ज्ञान की संस्था के तौर पर विज्ञान इसका कोई जिक्र नहीं करता। अतः हम इस न्यूनतावादी समझ के साथ रह जाते हैं कि 'आत्मा' शरीर में परमाणुओं एवं अणुओं का एक संयोजन और उनका परस्पर मेल-जोल मात्र है।

स्वाभाविक-सा प्रश्न उठता है कि अगर हम महज एटम्स और मॉलिक्यूल का संयोजन मात्र हैं तो उस मुक्त इच्छा का क्या, जो हमारे पास है? और अगर वैसा है तो हमें कंप्यूटर की तरह होना चाहिए, जो प्रोग्रामिंग के आधार पर तो चलते हैं, लेकिन अपना कोई स्वतंत्र अधिकार नहीं रखते। हालाँकि, इसके बावजूद वैज्ञानिक महसूस करते हैं कि उनके पास आजादी का अधिकार होता है। क्या शरीर के भौतिक हिस्सों के योग के रूप में 'स्वयं' की न्यूनतावादी समझ हमारी स्वतंत्र इच्छा का स्रोत बता सकती है?

एक बात और। अगर हम महज एटम और मॉलिक्यूल का समूह मात्र हैं तो चेतना कहाँ से आती है? हम सबको पता है कि एटम और मॉलिक्यूल में चेतना नहीं होती। हंगरी के बायोकेमिस्ट और फिजियोलॉजी के क्षेत्र में 'नोबेल पुरस्कार' विजेता अल्बर्ट जेंट-ग्योर्ग्यी ने वर्तमान वैज्ञानिक समझ में मौजूद कमी के बारे में बताया था—'चेतना के आधार की अपनी तलाश में मैं एटम और मॉलिक्यूल पर जाकर रुका। उसके आसपास ही कहीं मेरे हाथ से जीवन फिसल गया। अब, जब मैं बूढ़ा हो गया हूँ तो खुद को पीछे ले जाकर उन कदमों के निशान तलाश रहा हूँ।'

उन्होंने महसूस किया कि निष्प्राण पदार्थ जीवन की व्याख्या नहीं कर सकता। हालाँकि, अगर हम पदार्थ विज्ञान से सवाल पूछें कि 'मैं कौन हूँ?' तो हमें जवाब मिलेगा, 'आप अपने शरीर के घटक भागों का योग हैं।'

यह जवाब मुझे मेरी शैली के लिखे उपन्यास *फ्रैंकेंस्टीन* की याद दिलाता है। इसकी कहानी में एक डॉक्टर कब्रिस्तान से शरीर के हिस्सों को इकट्ठा करता है। जब वह उन्हें आपस में जोड़ देता है तो एक जीवित राक्षस तैयार हो जाता है। डॉक्टर ने निष्प्राण शरीर के हिस्सों को आपस में जोड़कर जीवित प्राणी बनाने में सफलता पा ली थी। इस बारे में सोचें—विज्ञान दावा करता है कि हम महज अपने शरीर के हिस्सों के ढेर हैं!

वेद हमें बताते हैं कि चेतना शरीर के हिस्सों का योग नहीं है; यह आत्मा का लक्षण है, क्योंकि आत्मा मौजूद है, इसलिए शरीर में जीवन है। जिस क्षण यह शरीर से निकल जाती है, उसी क्षण शरीर एक मृत वस्तु बन जाता है। हमारी 'स्वयं' की पहचान उस मृत वस्तु से नहीं, अपितु आत्मा से होती है।

मान लें कि एक राजा खुद को सपने में एक भिखारी के रूप में देखता है। चाहे कुछ भी हो जाए, जब तक सपना जारी रहेगा, उसे गरीबी की पीड़ा झेलनी ही होगी, भले ही वह असत्य हो। हमारी भी सटीक रूप से यही स्थिति है। भौतिक मन और शरीर के साथ खुद को भ्रमित करते हुए हम उन दुःखों की पहचान कर रहे हैं, जो इससे पीड़ित हैं। रामचरितमानस में कहा गया है—

मोह निसा सब सोवनिहारा। देखिय सपन अनेक प्रकारा॥

'सोए हुए व्यक्ति का वास्तविकता से संपर्क कट जाता है और वह सपने देखता है। हम भी खुद को भूलने की बीमारी में एक भ्रामक अस्तित्व जी रहे हैं। यह हमारी बुद्धि का दूसरा पतन है।'

हमारी तीसरी बौद्धिक गलतफहमी यह विश्वास है कि ऐंद्रिक सुख में जो आनंद हमें मिलता है, वही हमारी आत्मा को संतुष्ट करता है। हम उन्हें हासिल करने में बेतहाशा पीड़ा और दुर्गति झेलते हैं, लेकिन अपनी मूर्खता नहीं समझ पाते। आइए, इस मुद्दे पर और गहराई से चर्चा करें।

हमारी पाँच भौतिक इंद्रियाँ स्वाभाविक रूप से अपनी संतुष्टि की वस्तुओं के लिए लालायित रहती हैं। हम मान बैठते हैं कि हमें उनसे ही आनंद मिलेगा और यही वजह होती है कि हम उनके पीछे भागते हैं। इसमें शक नहीं कि ऐंद्रिक संतुष्टि कुछ पलों की राहत प्रदान करती है और हमारी इच्छा भी तृप्त हो जाती है। हालाँकि, समस्या यह है कि कुछ समय बाद वही इच्छा दोबारा उठने लगती है और इस बार उसकी तीव्रता दोगुनी हो जाती है।

अगर कोई इच्छा एक बार पूरी होने के बाद हमेशा के लिए शांत हो जाए तो उसे पूरा करने से आनंद मिलेगा। लेकिन अगर वही इच्छा बार-बार और भी ज्यादा उत्साह के साथ लौटती रहे, तब यह तृप्ति एक भ्रम ही कही जाएगी।

लाला पानमिवांगुष्ते बालानां स्तन्य विभ्रमः।

कभी-कभी माताएँ अपने बच्चे को चुप कराने के लिए उनके मुँह में सिलिकॉन से बनी और शहद भरी चुसनी लगा देती हैं। बच्चा उसे माँ का स्तन समझते हुए इस उम्मीद से निप्पल को चूसता रहता है कि उसमें से दूध निकलेगा। वयस्क लोग बच्चे की इस मूर्खता को देखकर हँसते हैं।

तथ्य यह है कि ऐंद्रिक इच्छाओं की संतुष्टि से आनंद हासिल करने की हमारी अपेक्षाएँ मूर्खता के समान ही हैं। इस तरह का आनंद क्षणिक है और

नाना प्रकार की विडंबनाओं; जैसे—जुड़ाव, आक्रोश, लालच एवं ईर्ष्या को भी अपने साथ जोड़ लेती हैं। हमारा हाल उस मक्खी की तरह हो जाता है, जो शहद खाने के लिए बैठ तो जाती है, लेकिन बाद में उसे पता चलता है कि वह तो अब उसमें से उठ ही नहीं सकती। शहद देखने में स्वर्ग सरीखा लगता होगा मक्खी के लिए, लेकिन वही उसकी कब्रगाह भी बन गया। ऐंद्रिक सुख भी इसी से मिलते-जुलते हैं—क्षणिक सुख, लेकिन जीवनपर्यंत दुःख से भरे हुए।

बाद की कुछ पंक्तियाँ देखने में अत्यधिक दार्शनिक लगने लगेंगी। तो आइए, आपको मनोरंजक दिशा में ले चलें।

एक व्यक्ति की मृत्यु हो गई और उसे स्वर्ग ले जाया जाने लगा। उसने वहाँ केवल सौम्य लोग पाए, जो सजने-धजने वाली गतिविधियों में व्यस्त थे। उसे वहाँ न तो कोई कैसिनो मिला, न नाइट क्लब या कोई मूवी थिएटर ही मिला।

ऊब महसूस करते हुए उस व्यक्ति ने स्वर्ग के देवता से पूछा, "सारे फिल्मी सितारे, राजनीतिज्ञ, पॉप संगीतकार और मीडिया सेलेब्रिटीज आदि कहाँ हैं?"

स्वर्ग के देवता ने जवाब दिया, "वे सभी नरक में हैं।"

"तब तो नरक ज्यादा दिलचस्प जगह होगी। उसकी तुलना में स्वर्ग में तो बिल्कुल भी उत्साह नजर नहीं आ रहा। हे ईश्वर! क्या आप मुझे एक दिन के लिए नरक भेज सकते हैं, ताकि मैं एक बार वहाँ जाँच सकूँ? अगर मुझे अच्छा लगा तो मैं आपसे मेरा वहीं स्थानांतरण करने की विनती करूँगा।"

स्वर्ग के देवता ने कहा, "बिल्कुल, तुम्हारी यह इच्छा पूरी की जाएगी।" अगले ही पल वह व्यक्ति नरक में स्थानांतरित कर दिया गया।

नरक में पहुँचने पर उस व्यक्ति को सुखद हैरानी हुई। वहाँ ठंडी हवाएँ चल रही थीं और नौकर-चाकर उसकी विलासिता की जरूरतें पूरी करने को तत्पर थे। उसे खुशबूदार पानी से नहलाया गया और तेल से मालिश की गई। उसे सिल्क के कपड़े पहनाए गए और स्वादिष्ट व्यंजन परोसे गए। यहाँ तक

कि वहाँ एक मनोरंजन का कार्यक्रम भी रखा गया था, जिसका आनंद वह भोजन करते हुए उठा सकता था।

उसने सोचा, 'कितना अद्‌भुत है! इसकी तुलना में स्वर्ग तो फीका और बेजान सा लगता है। नरक ही वह जगह है, जहाँ मैं रहना चाहूँगा।'

जब समय पूरा हो गया तो उसे फिर से स्वर्ग ले जाया गया। वहाँ पहुँचकर उसने स्वर्ग के देवता से कहा, "हे प्रभु! मेरे लिए आपने इतना सब कुछ किया, उसके लिए आपका धन्यवाद। लेकिन नरक ही मुझे ठीक लगा, जहाँ पार्टियाँ और मौज-मस्ती हैं और वही वह जगह है, जहाँ मैं रहना चाहूँगा।"

स्वर्ग के देवता ने कहा, "कोई समस्या नहीं है।" एक ही पल में उस व्यक्ति को नरक में स्थानांतरित कर दिया गया।

हालाँकि, इस बार सारा परिदृश्य ही बदला हुआ था। वह जगह उबलते हुए हंडे की तरह नजर आ रही थी। दैत्य सरीखे जीव त्रिशूल से उसे हर तरफ से चुभो रहे थे। भयानक शोरगुल उसके कानों को फाड़ रहा था और बदबू तो ऐसी भरी हुई थी, जिससे पहले कभी उसका पाला नहीं पड़ा था। यह सब देख विस्मित होते हुए उसने पूछा, "यह कौन सी जगह है?"

दैत्यों ने जवाब दिया, 'यह नरक है।'

"लेकिन पिछली बार मुझे जो जगह दिखाई गई थी, वह तो ऐसी नहीं थी?"

दैत्यों ने कहा, "अतिथियों के लिए वह केवल मॉडल सरीखा था।"

तमाम फैक्टरियों में अतिथियों के स्वागत के लिए मॉडल तैयार किए जाते हैं। वह वास्तविक नहीं होता, केवल एक झलक-सी होती है। इस कहानी में अतिथि के लिए नरक का मॉडल वास्तविकता से बिल्कुल भिन्न था। ऐंद्रिक सुखों की प्रकृति भी बिल्कुल ऐसी ही होती है। हमें लगता है कि उनका आनंद उठाते हुए हमें आगे भी असीम सुख मिलता रहेगा; लेकिन वास्तविकता दिखावे से कहीं उलट नजर आती है।

इसका यह मतलब नहीं है कि हर तरह की इच्छा हानिकर ही होती है।

आध्यात्मिक समझदारी हमें लाभदायी इच्छा और घाटे के सौदों के बीच अंतर करना सिखाती है। फायदेमंद इच्छाओं के चलते ही प्रगति हासिल होती है। फायदेमंद इच्छाओं की एक सूची यहाँ दी जा रही है—

- अपने व्यक्तित्व में निष्ठा और सच्चाई की इच्छा विकसित करना।
- दूसरों के जीवन में सकारात्मक असर पैदा करने की इच्छा।
- अपने मन व इंद्रियों पर नियंत्रण स्थापित करने की इच्छा।
- ईश्वर के आनंद के लिए खूबसूरत कला, नृत्य या संगीत रचने की इच्छा।
- विनम्रता में बढ़ने और दंभ से मुक्त होने की इच्छा।
- मौलिक निस्स्वार्थ प्रेम विकसित करने की इच्छा।
- अपनी बुद्धि को दिव्य ज्ञान से रोशन करने की इच्छा।
- पीड़ादायी उलझनों से मन को अलग करने की इच्छा।

लाखों संभावित इच्छाओं में ये महज कुछ बानगी हैं, जिनको हम अपने भीतर पोषित कर सकते हैं। **जीवन का आध्यात्मिक नजरिया हमें ऐसी उदात्त और महान आकांक्षाएँ पैदा करने के लिए प्रेरित करता है। वहीं दूसरी ओर, तीन बौद्धिक भ्रांतियाँ या विपर्यय भौतिकवादी नजरिए को मजबूत करती हैं।** वे हमें विश्वास दिलाती हैं कि भौतिक सुख व आराम के लिए भौतिक वस्तुओं को एकत्र करना परम लक्ष्य है। स्वाभाविक है कि इस गलतफहमी के तहत बेशकीमती प्रगति दरकिनार कर दी जाती है और हम मिथ्या व अर्थहीन लक्ष्यों के पीछे भागने लगते हैं।

बुद्धि के इन दोषों को दूर करके हम अपनी आत्मा की असीम क्षमता में विश्वास विकसित करते हैं। हम लाभप्रद और सार्थक जीवन लक्ष्य बनाते हैं। तब हमारे प्रयास सच्ची प्रगति के मार्ग के साथ संरेखित होते हैं।

विकास के बारे में यह सारी चर्चा एक संदेह को जन्म देती है। क्या हमारी

अनंत क्षमताओं को प्रकट करने की आकांक्षा हमारा अहंकार बढ़ाने और उग्रता की भावना में नहीं बदल जाएगी? हम इस प्रश्न पर अगले खंड में चर्चा करेंगे।

सच्ची प्रगति हमें दीन बनाती है

जीवन के तमाम क्षेत्रों में हम देखते हैं कि गर्व की लिप्सा लोगों को ज्यादा-से-ज्यादा प्रसिद्धि और शक्ति हासिल करने के लिए जद्दोजहद करने की ललक जगाए रखती है। यह और कुछ नहीं, बल्कि अहंकार की यात्रा है। क्या आध्यात्मिक विकास की इच्छा इससे अलग होती है? या इसे हमारे अहंकार की महज अलग अभिव्यक्ति माना जाए?

अंतर काफी बड़ा है। दरअसल, आंतरिक विकास उद्दंडता को खत्म कर विनम्रता को उसकी जगह बैठा देता है। ज्ञान का ही मामला देखें। कहा जाता है—*विद्या ददाति विनयम्*। 'सच्ची शिक्षा से विनम्रता आती है।' महान वैज्ञानिक सर आइजक न्यूटन कहते हैं, "मैं एक बालक की तरह समुद्र के किनारे खेल रहा था और चिकने पत्थरों या कोई अच्छी सी सीपी को तलाश रहा था। तभी सत्य का विशाल महासागर मेरे सामने खुल पड़ा।"

ईसाई संत सेंट ऑगस्टाइन इसे 'सीखी हुई लापरवाही' कहते हैं। उन्होंने बताया कि जो अनजान हैं, उन्हें भी अपने अनजानेपन की थाह का पता नहीं होता और इसका नतीजा यह होता है कि वे यह मानने लगते हैं कि वे सब कुछ जानते हैं। वास्तविक शिक्षा हमें हमारे अनजानेपन के बारे में बताती है और यही चीज हमें विनम्र बनाती है।

भर्तृहरि, जो महान योगी गोरखनाथ के शिष्य थे, ने भी कुछ ऐसे ही विचार व्यक्त किए हैं—

यदा किंचिज्ञो मदान्धः गज इव मदानधः संभवम्।
तदा सर्वज्ञो समीत्यभवदवलिप्तं मम मनः।
यदा किंचित्किंचिद् बुधजनसकाशादवगतम्
तदा मूर्खो स्मीति ज्वर इव मदो मे व्यपगतः।

(*नीतिशतक*, श्लोक 8)

'जब मैं बहुत कम जानता था तो मेरा अहंकार हाथी की भाँति विस्तार लिये हुए था। तब मैं सोचता था कि मैं ही सब कुछ जानता हूँ। लेकिन जब मैं संतों के सान्निध्य में आया और थोड़ी-बहुत समझदारी पाई, तब मेरा गुमान टूट गया और तब मैं समझ पाया कि मैं कितना बड़ा मूर्ख था!'

सुकरात के बारे में प्लेटो का अनुभव भी कुछ-कुछ इसी प्रकार था—'मैं न तो कुछ जानता हूँ और न ही सोचता हूँ कि मुझे कुछ पता है।' (*अपोलॉजी* 21डी)

ऐसा माना जाता है कि जब सुकरात से पूछा गया था कि आप क्या जानते हैं, तब उन्होंने यह बात कही थी। उन्होंने उत्तर दिया कि जब वे युवावस्था में थे, उनको ऐसा महसूस होता था कि वे सब कुछ जानते हैं; लेकिन जैसे-जैसे वे उम्रदराज हुए, उन्होंने महसूस किया कि वे केवल एक चीज जानते हैं कि वे कुछ नहीं जानते।

इसी तरह, सच्चा आंतरिक विकास हमें ईश्वर की महिमा की भव्यता से पहले व्यक्तिगत आत्मा की नगण्यता के संपर्क में रखता है और हमें विनम्र बनाता है। हम महसूस करते हैं कि भले ही हमारी आत्मा में असीमित क्षमता हो, लेकिन ईश्वर की महिमा के आगे यह बेहद छोटी ही रहेगी, भले ही वह अपने आध्यात्मिक विकास के शीर्ष पर ही क्यों न हो।

मैं आपको ईश्वर की रचना की विशालता की छोटी सी झलक दिखाना चाहता हूँ। आधुनिक विज्ञान बताता है कि हमारी पृथ्वी आठ ग्रहों में से एक है, जो सूर्य की परिक्रमा करती है। इसी प्रकार, हमारी आकाशगंगा में 100 अरब से ज्यादा सूर्य हैं। लेकिन यही एकमात्र आकाशगंगा भी नहीं है। हमारी आकाशगंगा की ही भाँति इस ब्रह्मांड में 100 अरब से ज्यादा आकाशगंगाएँ हैं। इसका अर्थ यह हुआ कि संपूर्ण ब्रह्मांड में 10^{22} सूर्य संभवतः मौजूद हैं।

लेकिन मामला यहाँ भी खत्म नहीं होता। खगोल-विज्ञान में हाल की खोजें कई ब्रह्मांड के बहुविध विधान की ओर इशारा करती हैं। ये आधुनिक विधान केवल उन बातों को प्रमाणित कर रहे हैं, जो हमारे वैदिक ग्रंथों में लगभग

5,000 वर्ष पहले लिखा जा चुका है। *चैतन्य चरितामृत* से इस संबंध में मैं आपको एक कहानी सुनाता हूँ।

द्वापर युग में, जब भगवान श्रीकृष्ण द्वारिका में रहते थे तो द्वितीय रचनाकार ब्रह्माजी उनसे मिलने पहुँचे। ब्रह्माजी ने द्वारपाल से कहा, "कृपया द्वारिका के राजा को सूचित करें कि ब्रह्मा उनके दर्शन करना चाहते हैं।"

सुरक्षाकर्मी ने यह संदेश श्रीकृष्ण को दिया तो उन्होंने उत्तर दिया, "कौन से ब्रह्माजी हैं वो, उनसे पूछिए।"

सुरक्षाकर्मी ने ब्रह्माजी के पास लौटकर यही बात पूछी, "श्रीकृष्ण जानना चाहते हैं कि आप कौन से ब्रह्मा हैं?"

यह प्रश्न सुनकर ब्रह्माजी चौंक गए; क्योंकि जहाँ तक उनकी समझ थी, वही एकमात्र ब्रह्मा थे। अंततः, उन्होंने दरबान से कहा, "उनसे कहिए कि मैं ब्रह्मांड का रचयिता, चार मुखोंवाला ब्रह्मा हूँ।"

उत्तर सुनकर भगवान कृष्ण ने ब्रह्माजी को अंदर लाने को कहा। भगवान के समक्ष ब्रह्माजी पहुँचे और उन्होंने सम्मानपूर्वक अभिवादन किया। लेकिन उनका पहला प्रश्न था, "हे श्रेष्ठ सम्मानित देव! आपके मन में यह प्रश्न आया कहाँ से, 'कौन ब्रह्मा?' क्या मेरे अतिरिक्त भी और ब्रह्मा हैं?"

भगवान श्रीकृष्ण मुसकराए। अपनी योगमाया की शक्ति से उन्होंने समस्त ब्रह्माओं का द्वारिका में आह्वान किया। अब हमारे चार सिरोंवाले ब्रह्मा ने असंख्य ब्रह्माओं को वहाँ आते और द्वारिकाधीश के समक्ष सम्मान प्रस्तुत करते देखा।

चार सिरवाले ब्रह्मा ने देखा कि एक ब्रह्मा तो एक हजार सिरवाले भी थे। उन्होंने सोचा, 'उनका ब्रह्मांड कितना विशाल है!'

लेकिन वहाँ एक ब्रह्मा ऐसे भी पहुँचे, जिनके एक लाख मस्तक थे। 'उनका ब्रह्मांड कितना विशाल रहा होगा!'

और तभी वहाँ ऐसे-ऐसे ब्रह्मा भी पहुँचने लगे, जिनके एक करोड़ मस्तक थे। उनकी रचना का विस्तार कितना विशाल कहा जाए!

इस अचंभे को देखकर चतुर्मुखी ब्रह्मा श्रीकृष्ण के चरणों में गिर पड़े और क्षमा प्रार्थना करने लगे। भगवान श्रीकृष्ण ने कहा, "ब्रह्माजी, आपके ब्रह्मांड की ही भाँति मेरी रचना में ऐसे असंख्य ब्रह्मांड हैं। हर ब्रह्मांड के पास एक ब्रह्मा हैं। उन ब्रह्मांडों में आपका वाला सबसे छोटा है।"

यह कहानी ईश्वर की रचना की विशालता के बारे में बताती है। हालाँकि, ये सभी ब्रह्मांड मायिक क्षेत्र के भीतर ही कहे जाते हैं। श्रीमद्भगवद्गीता हमें बताती है कि समस्त रचना का महज एक-चौथाई ही भौतिक हिस्सा है। तीन-चौथाई क्षेत्र है, जिसमें *देवी लोक, गोलोक, साकेत लोक, शिव लोक* और *वैकुंठलोक* आते हैं। अब हम कल्पना कर सकते हैं कि हमारी धरती उस रचना का कितना छोटा हिस्सा है!

इसलिए, हमें यह चिंता करने की जरूरत नहीं कि आध्यात्मिक विकास हमें गर्व से भर देगा; बल्कि यह हमें वस्तुओं की महान योजनाओं में हमारी नगण्यता से अवगत कराएगा। यही वजह है कि पूरी दुनिया में समस्त धर्मों के संतों ने अपने लेखन में विनम्रता की गहरी भावनाओं को अभिव्यक्त किया है।

जगद्गुरु कृपालुजी महाराज लिखते हैं—*'भयो को, मो सम पतित बड़ो।'* (क्या कोई मुझसे भी नीच आत्मा है?)

संत सूरदासजी लिखते हैं—*'मो सम कौन कुटिल खल कामी।'* (मुझसे बड़ा कुटिल, धोखेबाज और इच्छाओं से भरा हुआ कौन हो सकता है?)

फिर संत सूरदासजी लिखते हैं—*'हरि हौं सब पतितन कौ नायक'* (हे कृष्ण, समस्त नीच आत्माओं में मैं सबसे बुरा हूँ।)

संतों द्वारा इन भावनाओं की अभिव्यक्ति उनका बड़बोलापन नहीं कहा जा सकता। यह उनकी मौलिक भावनाओं का ज्वार है, क्योंकि ईश्वर की जो अपार कृपा उन पर बरसी है, उसकी तुलना में वे खुद को उस योग्य नहीं मानते। इस तरह, आंतरिक विकास और विनम्रता साथ-साथ आगे बढ़ती हैं।

जीवन में हमारा स्वर्णिम अवसर

वेदों के अनुसार, चौरासी लाख योनियाँ हैं, जो चेतना के अलग-अलग स्तरों पर विद्यमान हैं। असंख्य जन्मों से हमारी आत्मा एक शरीर से दूसरा शरीर बदलती आ रही है। सोचिए कि ऐसे ही कितने जन्मों के बाद हमें मनुष्य का रूप मिला है; जैसा कि 'रामचरितमानस' में कहा भी गया है—

कबहुँक करि करुना नर देही, देत ईस बिनु हेतु सनेही॥

अर्थात् 'कभी-कभी अकारण ही दयानिधि भगवान आत्मा पर कृपा करके उसे मनुष्य के रूप में भेजते हैं। इसमें हमें मुक्त इच्छा मिलती है, ताकि हम अपनी विकासपरक प्रगति तय कर सकें।'

जीवन के अन्य रूप—पौधे, चिड़िया, पशु, मछली आदि—के पास व्यावहारिक तौर पर शून्य मुक्त इच्छा होती है। उनका आहार, व्यवहार, झुकाव और यौन संसर्ग का पैटर्न आदि उनके जेनेटिक कोड की प्रोग्रामिंग से तय होता है। देश में हम ढेर सारे प्रवासी पक्षियों के व्यवहार का आकलन कर सकते हैं। जब ग्रीष्म ऋतु आती है तो वे उड़कर उत्तर की ओर, यानी साइबेरिया चले जाते हैं, जो कि सुदूर स्थित है और जिसे उन्होंने कभी नहीं देखा होता है। निश्चित रूप से, वे दक्षिण या पूर्व या पश्चिम में नहीं जाएँगे। इस मामले में उनके पास कोई विकल्प नहीं होता। यह विकल्प उनके डी.एन.ए. की प्रोग्रामिंग में पहले से निर्धारित है।

हालाँकि, हम मनुष्यों को विकल्प चुनने का गौरव हासिल है। हम तय कर सकते हैं कि क्या करें, क्या सोचें, क्या खाएँ और क्या पहनें? इसके बावजूद विडंबना यह है कि इंसानों को छोड़कर बाकी जीव अपनी क्षमता का अधिकतम इस्तेमाल करते हैं।

पेड़ कैसे विशाल छायादार बनते हैं? उनके जितना भी बड़ा होने की संभावना होती है, उतने बड़े वे होते हैं—जमीन से जितना पोषण, हवा और पानी उन्हें मिलता है, वे उतने बड़े हो जाते हैं।

हम मनुष्यों में ही यह कमी है कि हम विकास करना बंद कर देते हैं।

क्यों? क्योंकि हमारे पास चुनने की आजादी है। हम अवसरों को दरकिनार करने का विकल्प चुन सकते हैं; हम वैकल्पिक राह पर बढ़ना चुन सकते हैं; हम विविधताओं को आगे बढ़ाने का विकल्प चुन सकते हैं; हम अपने विकास में नीचे की ओर जाने का विकल्प चुन सकते हैं। यही वजह है कि वेद हमें चयन को लेकर सावधानी बरतने के प्रति आगाह करते हैं!

इह चेदवेदीदथ सत्यमस्ति न चेदिहा वेदीनमहती विनश्तिः

(*केनोपनिषद्*, 2.5)

'हे मानव! इस जीवन में परम लक्ष्य को प्राप्त करो, अन्यथा तुम जीवन और मृत्यु के चक्र में विचरण करते रह ज़ाओगे।'

अनंत क्षमताओं का विधान, जिस पर हमने पहले अध्याय में चर्चा की थी, हमें अपने जीवन का लक्ष्य निर्धारित करने में मदद करता है। उस दिशा में आगे बढ़ने के लिए अब हमें द्वितीय ईश्वरीय विधान के ज्ञान की आवश्यकता है, जिस पर हम अगले अध्याय में चर्चा करेंगे।

मुख्य बिंदु

- सृष्टि की भव्य योजना सर्वोच्च पूर्णता के प्रति आत्मा का विकास है।
- भगवान की महिमा का विस्तार अनंत है। उनके छोटे अंशों के रूप में हम भी असीम संभावित विकास के अधिकारी हैं।
- विकास अपने आप नहीं होता है। यह तब होता है, जब हम अपने सभी अभियानों में उत्कृष्टता के लिए प्रतिबद्ध होते हैं।
- स्थिर मनःस्थिति वाले लोग मानते हैं कि उनका कौशल नियति या परिस्थिति से निर्धारित होता है और इसे आगे विकसित नहीं किया जा सकता है।
- विकास की मानसिकता रखने वालों को अहसास है कि उचित प्रयास के साथ प्रगति की असीमित संभावना है।
- माया के वशीभूत हमारी बुद्धि तीन तरह की भ्रांतियों से ग्रस्त है। इनके

चलते हम बेकार के लक्ष्य बनाते हैं, खुद को थोड़े समय के लिए बदल लेते हैं और सच्ची प्रगति नहीं कर पाते।

- दिव्य ज्ञान हमें इन गलत धारणाओं को दूर करने में मदद करता है और फिर हम अपनी आत्मा की असीम क्षमता में विश्वास विकसित करते हैं।
- जब हम अंदर से विकास करते हैं तो हमें भगवान की महिमा के आगे अपने छोटेपन का अहसास होता है, इसलिए सच्ची प्रगति हमें विनम्र बनाती है।

□

2

उत्तरोत्तर विकास का विधान

सफलता, सिद्धि और जीत की इच्छा हम सभी में होती है; लेकिन उन तक पहुँचने का रास्ता क्या हो ? क्या सफलता कोई घटना है, जो किसी खास दिन हमारे साथ घटित होती है ? क्या सिद्धि खूबसूरती से पैक किया हुआ कोई सामान है, जो हमारे पते पर हमारे दरवाजे तक पहुँचा दिया जाता है ? क्या विजय ऐसी चीज होती है कि अचानक बादलों में बिजली कड़कती हो और वह हमारे सामने हाजिर हो जाती है ?

इन सारे प्रश्नों का उत्तर 'नहीं' है। ये सारे मनगढ़ंत विचार हैं, जिनका वास्तविक जीवन से दूर-दूर तक वास्ता नहीं होता। सफलता ऐसी कोई घटना नहीं होती, जिसके लिए कोई एक समय तय हो; यह एक यात्रा है, जिस पर चलने पर एक समय में एक फल या परिणाम मिलता है।

लॉटरी जीतने वाली मानसिकता छोड़ दें

हम सबने अचानक मिली सफलता से जुड़ी तमाम कहानियाँ सुन रखी हैं। हमें बताया गया है कि एक रेलवे टिकट कंडक्टर था, जो सार्वकालिक महानतम क्रिकेट खिलाड़ी बन गया; मार्शल आर्ट सिखाने वाला एक युवक बॉलीवुड का सुपर स्टार बन गया; वह युवक, जिसे हार्वर्ड से निकाल दिया गया था, उसने एक बड़ा कॉरपोरेट साम्राज्य खड़ा कर लिया। और हम ऐसे लोगों के दर्जनों विज्ञापन देख ही चुके हैं, जिसमें क्रैश डाइट से वे तीस दिनों के भीतर दुबली-पतली छरहरी काया पाने का दावा करते नजर आते हैं।

इस तरह की लोकप्रिय कहानियाँ हमें आश्वस्त करती हैं कि भविष्य में एक दिन ऐसा आएगा, जब प्रसिद्धि या सफलता हमारे दरवाजे पर दस्तक देगी। इसलिए हमें उस सौभाग्य वाले दिन के आने का इंतजार करना चाहिए। लेकिन यह सब एक तरह से हमारी उम्मीदों को दीवार पर टाँगने जैसा है, जैसे कि दुबई लॉटरी जीतने पर हम रईस हो जाएँगे। ऐसा होने की उम्मीद 0.0000001 के बराबर है। अगर आप उसे राउंडअप भी करते हैं तो भी, दशमलव के पहले एक बड़ा 'शून्य' ही रह जाता है। क्या आप उस मौके के लिए अपना जीवन दाँव पर लगाना चाहेंगे?

इंसान का जीवन इस कदर बेशकीमती होता है कि उसे एक लॉटरी के भरोसे जोखिम में नहीं डाला जा सकता है। जीत का भरोसेमंद रास्ता समर्पण के साथ कठिन परिश्रम से तय होता है, जिसमें दिन-प्रतिदिन, हफ्ते-दर-हफ्ते, महीने-दर-महीने और साल-दर-साल चलते रहना पड़ता है।

दरअसल, रातोरात सफलता पाने वालों की पृष्ठभूमि की जाँच करें, जिनकी कहानियाँ समाज में इतनी लोकप्रिय होती हैं। प्राय: आप पाएँगे कि वे भी अचानक भाग्यशाली नहीं बने, बल्कि उन्होंने भी कठोर परिश्रम करके अपनी किस्मत चमकाई। उदाहरण के लिए, बिल गेट्स का उदाहरण लें। मैल्कम ग्लैडवेल ने अपनी पुस्तक *दि आउटलायर्स* में इसके बारे में काफी अच्छे से बताया है—

विलियम हेनरी तृतीय, या बिल गेट्स, जिस नाम से वे जाने जाते हैं, सिएटल के एक उपनगर में पले-बढ़े। उनके माता-पिता ने महसूस किया कि बिल के स्कूल की पढ़ाई उन्हें व्यस्त रख पाने में नाकाफी साबित हो रही है। इसलिए जब वे सातवीं कक्षा में थे तो उन्होंने बिल को लेकसाइड में स्थानांतरित कर दिया। वह एक प्राइवेट स्कूल था, जिसमें रईसों के बच्चे पढ़ते थे। अगले साल स्कूल ने कुछ समय के लिए एक कंप्यूटर टर्मिनल खरीदा, जो कि सिएटल शहर के केंद्र में स्थित जनरल इलेक्ट्रिक कंपनी के साथ रियल-टाइम में जुड़ा होता था।

बिल गेट्स को उसकी प्रोग्रामिंग भाषा, बेसिक, में काफी गहरी दिलचस्पी थी और वे हर हफ्ते बीस से तीस घंटे स्कूल के कंप्यूटर सेंटर में ही बिताते। यहाँ तक कि स्कूल के बाद का उनका खाली समय और सप्ताहांत कंप्यूटर पर ही गुजरने लगा। यहाँ तक कि उन्होंने एक कंप्यूटर गेम 'टिक-टैक-टो' भी तैयार कर दिया।

लेकिन जल्दी ही उस कंप्यूटर के स्कूल में रखने की मियाद पूरी हो गई और उसे वापस करना पड़ा। उन दिनों कंप्यूटर बहुत महँगा हुआ करता था और इसका असर यह हुआ कि गेट्स एवं उनके दोस्त कंप्यूटर की पहुँच से वंचित हो गए। सौभाग्य से, कंप्यूटर सेंटर कॉरपोरेशन (सी.सी.सी.) ने कुछ दिक्कतों को ठीक करने के बदले अपने कंप्यूटर इस्तेमाल करने के लिए उन्हें दे दिए। यह व्यवस्था अगले नौ महीने तक चली। किंतु तब तक सी.सी.सी. कारोबार से बाहर हो गई और बिल गेट्स फिर से बिना कंप्यूटर के रह गए।

बिल गेट्स और उनके दोस्तों के सामने एक मौका तब आया, जब इन्फॉर्मेशन सिस्टम्स इनकॉरपोरेटेड (आई.एस.आई.) ने उनसे संपर्क किया और उन्हें कंपनी के कंप्यूटर पर काम करने की छूट प्रदान की। बदले में उन्हें कंपनी पेरोल की ऑटोमेटिंग का जिम्मा मिला था। इस व्यवस्था के तहत उन्हें 2,000 घंटे ऑनलाइन प्रोग्रामिंग के लिए उपलब्ध हो गए, जिससे अगले कुछ महीने आराम से कट सकते थे।

यह प्लान तब खत्म हो गया, जब उन्होंने कंपनी का पासवर्ड चुराने की कोशिश की और पूरा सिस्टम ही ध्वस्त हो गया। नतीजतन, आई.एस.आई. ने उन्हें निकाल बाहर किया। आगे उन्होंने वॉशिंगटन यूनिवर्सिटी के कंप्यूटर सेंटर के चक्कर लगाने शुरू किए, जहाँ उन्हें तड़के 3 बजे से 6 बजे तक हर दिन मुफ्त में कंप्यूटर पर काम करने को मिल जाता था।

अगले साल, लेकसाइड स्कूल से एक टेक्नोलॉजी कंपनी टी.आर.डब्ल्यू. ने संपर्क किया, जिसने कुछ दिन पहले ही अपने पावर स्टेशन के लिए एक कंप्यूटर खरीदा था। गेट्स और उनके दोस्तों को स्कूल की तरफ से टी.आर.डब्ल्यू. की साइट पर कैंप करने की अनुमति मिल गई और उन्होंने पूरा बसंत ऋतु का समय कोड लिखते हुए बिताया।

स्कूल से पास होने के बाद बिल गेट्स ने हार्वर्ड में दाखिला लिया। एक दिन उनको एक मैगजीन 'पॉपुलर इलेक्ट्रॉनिक्स' में एक खबर मिली कि माइक्रो इंस्ट्रूमेंटेशन एंड टेलिमेट्री सिस्टम्स (एम.आई.टी.एस.) को अपने प्लेटफॉर्म के लिए बेसिक इंटरप्रेटर प्रोग्राम चाहिए। तभी उन्होंने कॉलेज छोड़ दिया और सॉफ्टवेयर पर काम करने लगे। उन्होंने माइक्रोसॉफ्ट की स्थापना की और एम.आई.टी.एस. तथा अन्य को सॉफ्टवेयर लीज पर देने लगे।

बिल गेट्स की कहानी पढ़कर कोई नादान ही होगा, जो कहेगा कि वे एक शानदार दिन उठे और पाया कि ईश्वर के आशीर्वाद से वे कंप्यूटर विशेषज्ञ बन गए हैं! बल्कि वे प्रोग्राम लिखने की विशेषज्ञता के स्तर पर अपने समर्पण भाव की बदौलत पहुँचे। उन्होंने मिडिल एवं हाई स्कूल के दौरान मिले हर खाली घंटे का सदुपयोग किया, वह भी लगातार पाँच साल तक।

कोई यह कह सकता है, 'आपने बिल गेट्स का ही उदाहरण क्यों दिया?' क्या आपको नहीं पता कि अपने कारोबार को सफल बनाने के लिए उन्होंने किस तरह नैतिकता को ताक पर रख दिया?' ठीक है, उनकी कहानी यहाँ देने का उद्देश्य उनकी हर चीज का आकलन करना या उनकी स्तुति करना नहीं था, बल्कि उद्देश्य केवल एक सरल उदाहरण देना था कि किसी क्षेत्र में कुशलता अनवरत समर्पण और कठोर परिश्रम का ही नतीजा होती है। संस्कृत में एक लोकप्रिय कहावत है—

क्षणसः क्षणसो विद्या कणसः कणसो धनम्।

इस श्लोक का अर्थ है कि आप अचानक अरबपति नहीं बनते; बल्कि लंबे समय तक थोड़ा-थोड़ा पैसा कमाते रहने से ऐसा संभव होता है। इसी प्रकार, आप एक झटके में विद्वान नहीं बनते; बल्कि एक-एक पल, बार-बार, ज्ञान एकत्र करते रहने से आप उस स्तर को हासिल कर पाते हैं। इसे 'उत्तरोत्तर विकास का विधान' कहते हैं।

जब हम कुछ लोगों को देखते हैं, जो अपने क्षेत्र में प्रकांड विद्वान होते हैं,

तो हम हैरत में पड़ जाते हैं कि ऐसा कैसे हुआ होगा? इसका जवाब बिना किसी लाग-लपेट के वही है—एक उचित दिशा में छोटे-छोटे कदम लगातार उठाए जाते रहने से ऐसा संभव हुआ। इसलिए जीवन का विधान है (और मैं चीनी दार्शनिक लाओ त्से के शब्दों को जरा उन्नत करके पेश कर रहा हूँ)—

- एक शानदार वास्तुकला का नमूना अचानक अवतरित नहीं होता; उसे धीरे-धीरे एक-एक टुकड़े को जोड़कर वैसा बनाया जाता है।
- एक लंबी यात्रा महज एक छलाँग में पूरी नहीं की जा सकती, बल्कि छोटे-छोटे हिस्सों में निरंतर चलते रहने से मंजिल तक पहुँचा जा सकता है।

इसी प्रकार, **कोई भी एक पापी से रातोरात संत नहीं बन सकता, बल्कि उचित विकल्प बनाकर बारंबार उसका अनुसरण करके समय-समय पर दोहराते हुए ही बदलाव संभव है।**

आइए, देखें कि किस तरह के विकल्प हमारे पास हैं!

विकल्प, जो हम बनाते हैं

अंग्रेजी के 'बी' और 'डी' अक्षरों के बीच क्या निहित होता है? निश्चित ही अक्षर 'सी'। लेकिन तीन अक्षरों के इतने सरल तारतम्य को जीवन की शानदार हकीकत बताने के लिए भी प्रयोग किया जा सकता है। 'बी' से 'बर्थ', यानी जन्म और 'डी' से 'डेथ', यानी मृत्यु के बीच हम 'सी' से 'चॉइस', यानी विकल्प बनाते हैं।

हमारे जन्म को लेकर तमाम चीजें हम निर्धारित नहीं करते। हम न तो अपनी पसंद का देश चुन पाते हैं, न तो मातृभाषा या माता-पिता को लेकर ही कह-सुन पाने की स्थिति रहती है। कोई हमसे नहीं पूछता कि त्वचा का रंग कैसा चाहते हैं, आँखें और बाल कैसे रखना चाहेंगे? जन्म पहले से तय मामला होता है। यही नहीं, हम अपनी मृत्यु को लेकर भी कुछ तय नहीं कर सकते; जैसे—तरीका, समय या तारीख।

जन्म और मृत्यु के इन दो निर्धारकों के बीच का जीवन–क्षेत्र खुलता है और हमारे सामने समग्र विकल्प प्रस्तुत करता है। हम अपने विचार, प्राथमिकताएँ, भावनाएँ और व्यवहारों को चुनते हैं। **हमारा वर्तमान चाहे जितना अच्छा या बुरा हो, लेकिन हमारे पास हमेशा से संभावना होती है कि हम अपने भविष्य को और बेहतर बना सकते हैं। दुःखद बात यह भी है कि हमारे पास अपने भविष्य को नष्ट करने का भी विकल्प मौजूद होता है।**

हमारे जीवन में हर विकल्प में उतार–चढ़ाव की अपार संभावनाएँ मौजूद होती हैं। अपने आप में व्यक्तिगत पल ज्यादा मायने नहीं रखते। लेकिन समय के साथ इकट्ठा होते–होते यह अंतर मायने रखने लगता है।

दो सहपाठियों की जीवन–यात्रा की ही तुलना करें। फिलहाल के लिए हम उनके नाम सत और राम रख देते हैं। सन् 1980 में दोनों एक स्कूल 'हैदराबाद पब्लिक स्कूल' में पढ़ते हैं।

सत पढ़ाई–लिखाई में औसत है। वह स्वाभाविक रूप से मेधावी नहीं है, लेकिन अपने आनंद एवं मनोरंजन पर कठोर परिश्रम को चुनता है और निरंतर मेहनत करता रहता है। स्कूल से पास होने के बाद वह प्रवेश परीक्षा (जे.ई.ई.) पास नहीं कर पाता और उसे प्रतिष्ठित आई.आई.टी. में दाखिला नहीं मिल पाता; बल्कि उसे एक औसत इंजीनियरिंग स्कूल—मणिपाल इंस्टीट्यूट ऑफ टेक्नोलॉजी में दाखिला मिल जाता है।

अब उसके सहपाठी राम पर नजर डालते हैं। वह पुश्तैनी तौर पर अत्यंत मेधावी है, लेकिन मौज–मस्ती में विश्वास करता है। वह तुच्छ उपन्यास पढ़ता है और अपने ही जैसे दोस्तों के साथ अकसर फिल्में देखने जाता रहता है। रात 10 बजे के आसपास उसे अकसर अपने पड़ोस के चाय के स्टॉल पर देखा जा सकता है। फिर भी, अपनी पैदाइशी मेधा के बल पर वह जे.ई.ई. में चुन लिया जाता है और उसे प्रतिष्ठित आई.आई.टी., मद्रास में दाखिला मिल जाता है।

तीस साल बाद, अंदाजा लगाएँ कि कौन ज्यादा सफल है? आश्चर्यजनक तौर पर सत ही सफल होगा। वह उस कॉरपोरेशन का प्रमुख है, जहाँ 1,30,000

लोग दुनिया भर में काम करते हैं। जो काम वह करता है, उससे धरती के 1.5 अरब लोगों के जीवन की गुणवत्ता और बेहतर होती है। वहीं दूसरी ओर राम, जो कि उसका सहपाठी रहा था, उसने अपनी एक और सेल्स की नौकरी गँवा दी तथा नई नौकरी की तलाश में जुट गया।

तीन दशकों में सत एवं राम के कॅरियर और जीवन की दिशा में इतना विरोधाभास क्यों देखने को मिल रहा है ? अब मुझे उनके असल नामों का खुलासा करने दीजिए। सत वास्तव में सत्या नडेला हैं, जो माइक्रोसॉफ्ट कॉरपोरेशन के सी.ई.ओ. हैं। वे स्कूल में भले ही औसत दर्जे के छात्र रहे हों, लेकिन अपने मेहनतकश स्वभाव की बदौलत वे खुद को ऊपर की ओर बढ़ाते रहे। उनकी मेहनत के चलते कॉलेज में उनको औसत दर्जे का नहीं माना गया, बल्कि पढ़ाई में उनको ज्यादा प्रभावशाली माना गया और वे मिल्वाउकी में विस्कॉन्सिन यूनिवर्सिटी के कंप्यूटर साइंस प्रोग्राम के मास्टर्स कोर्स में दाखिले के लिए चुन लिये गए। वे हर शुक्रवार रात सिलिकॉन वैली से उड़ान भरकर सप्ताहांत में चलने वाली अपनी कक्षा में हाजिर होने के लिए शिकागो यूनिवर्सिटी पहुँचते थे। माइक्रोसॉफ्ट में उनकी शानदार मानसिकता और कौशल विकास के गुणों पर ध्यान गया। उन्होंने सीखने और नतीजे देने के हर मौके का बखूबी इस्तेमाल किया। अंततः, जब स्टीव बामर ने पद छोड़ा तो माइक्रोसॉफ्ट बोर्ड ने सत्या नडेला को कंपनी का नया सी.ई.ओ. नियुक्त करने और इसकी घोषणा करने में जरा भी देर नहीं लगाई।

अब आते हैं सत के सहपाठी राम पर। वह दरअसल रामू मिथ्यावर्धनुलु हैं। कौन रामू ? मेरा भी बिल्कुल यही कहना है। आपने उनके बारे में कभी नहीं सुना, क्योंकि उन्होंने ऐसा कुछ खास कभी किया ही नहीं, जबकि उन्होंने देश के सर्वश्रेष्ठ इंजीनियरिंग कॉलेज से पढ़ाई की थी।

सत्या नडेला की शानदार सफलता की कहानी के पीछे क्या राज था ? यह निश्चित रूप से पैदाइशी बुद्धिमत्ता तो नहीं ही हो सकती है, अन्यथा रामू मिथ्यावर्धनुलु एक दिन उनसे जरूर आगे निकल गए होते। यह सत्या की निरंतरता

थी, जो उन्होंने अपने विकास को आनंद से हमेशा ऊपर रखा और बेवजह के मनोरंजन पर अर्थपूर्ण कार्यों को महत्त्व दिया। जब यह फॉर्मूला रोजाना सैकड़ों बार दोहराया गया, हर साल 365 दिन, अगले तीस साल तक लगातार, तो इसने साधारण से छात्र को भी दुनिया भर में प्रसिद्ध सत्या नडेला के रूप में तब्दील कर दिया, जिससे आज हम सब परिचित हैं। रामू मिथ्यावर्धनुलु में भी वही गुण थे, या संभवतः सत्या से कहीं ज्यादा क्षमता उनमें विद्यमान थी; लेकिन उन्होंने हर बार एक गलत विकल्प से इसे व्यर्थ गँवा दिया।

दो सहपाठियों के तीस साल के जीवन-पथ की तुलना हमें दूसरे दिव्य विधान के बारे में बताती है—

उत्तरोत्तर विकास का विधान

व्यक्तिगत उत्कृष्टता और जीवन में विजय
केवल तभी हासिल की जा सकती है, जबकि उत्तरोत्तर सुधार के
छोटे-छोटे कदम लगातार उठाए जाते रहें।

यह विधान मानवीय गतिविधि के हर क्षेत्र पर लागू होता है। लोग आते हैं और मुझसे पूछते हैं, "स्वामीजी, मैं अपना ध्यान ईश्वर में लगाना चाहता हूँ; लेकिन यह निरंतर भटकता रहता है। ऐसा क्यों होता है?"

मैं उनको बताता हूँ कि मन को पूरी तरह ईश्वर में डुबोए रखने को सिद्धि या पूर्णता की स्थिति कहते हैं। अगर प्राचीन ग्रंथों में हमसे हमारी यात्रा के पहले दिन ही सिद्धि की उम्मीद की जाती तो उसमें हमसे साधना करने के लिए क्यों कहा जाता? हमें इस सीढ़ी के पहले कदम से ही आगे बढ़ने का इच्छुक होना चाहिए।

किसी भी क्षेत्र में महारत हासिल करना सृष्टि का दिया हुआ उपहार नहीं है; इसे कठोर परिश्रम से हासिल किया जाता है। इसीलिए *योगसूत्र* में कहा गया है—

तीव्रसंवेगानां आसननः। (*समाधि पद* 1.21)

'साधना में सफलता उन्हें ही तुरंत मिलती है, जो गहनता से कठोर परिश्रम करते हैं और अभ्यास में ऊर्जावान बने रहते हैं।'

आजकल ऐसे विज्ञापनों की कहीं कमी नहीं, जो आपसे वादा करते हैं कि आपकी सालाना आमदनी दो करोड़ से ज्यादा करा देंगे, अगर आप रोजाना दो घंटे इंटरनेट पर मेहनत कर दें; एक खास तरह की बेल्ट पहनने पर बीस किलो तक वजन कम हो जाएगा; और अगर आप एक विशेष मंत्र का जाप करें तो ध्यान में आप शिखर पर पहुँच जाएँगे। आश्चर्यजनक है कि लोग इन लुभावने विज्ञापन नारों में फँसने के लिए लालायित दिखते हैं।

बहुत साल पहले कोलकाता के एक अखबार में एक विज्ञापन निकला था—'3 मिनट ध्यानम् सीखें'। इसने तीन मिनट में ध्यान सिखाने का गारंटीशुदा वादा किया था। यह 1960 के दशक की बात है, जब भारतीय जन-मानस में धार्मिक भावनाएँ बहुत गहरी जड़ें जमाए हुए थीं।

विज्ञापन के चलते काफी बड़ी संख्या में लोग इस ओर आकर्षित हुए। तय समय पर करीब 1,000 लोग सड़कों पर जमा हो गए थे। इसका नतीजा यह हुआ कि हालात को सँभालने के लिए पुलिस बुलानी पड़ी। दुर्भाग्य से, भगदड़ की आशंका में पुलिस ने लाठी चार्ज कर दिया। जो लोग '3 मिनट ध्यानम्' सीखने आए थे, वे हाथ-पाँव तुड़वाकर वापस गए।

समस्या यह है कि **हमारा मानवीय स्वभाव जल्दी-से-जल्दी चीजों को हासिल करने के लिए बेचैन रहता है, बिना कठिन परिश्रम के उत्कृष्टता और बिना अभ्यास के श्रेष्ठता हासिल करना चाहता है। जबकि ये चीजें बलिदान, समर्पण एवं लगन के बल पर हासिल की जाती हैं।**

जगद्गुरु श्री कृपालुजी महाराज कहते हैं कि अगर आप ध्यान करने का प्रयास करते हैं और पहले दिन दस में से केवल एक मिनट के लिए भी सफल होते हैं तो हतोत्साहित न हों। अपना अभ्यास जारी रखें। अगले सप्ताह आप पाएँगे

कि दस में से दो मिनट के लिए आप ध्यान कर पाए। उसके अगले सप्ताह ध्यान की समय-सीमा बढ़कर तीन मिनट हो जाएगी। और जब आप पचास फीसदी हिस्सा पार कर सकेंगे तो आगे की प्रगति बेहद आसान हो जाएगी। इसे 'उत्तरोत्तर प्रगति का विधान' कहते हैं।

अच्छी खबर यह है कि इस सफर के दौरान कठिनाई का स्तर एक समान नहीं रहता। दरअसल, हर उत्तरोत्तर कदम पिछले की तुलना में ज्यादा आसान होता जाता है। ऐसा किस वजह से होता है, इसके बारे में हम विस्तार से अगले खंड में चर्चा करेंगे।

व्यवहारवादी वेग

समाज-विज्ञानियों ने व्यवहारवादी वेग की अवधारणा की खोज की है। हम ठोस वस्तुओं के वेग से परिचित हैं। आपने संभवतः कभी किसी की कार को धक्का लगाने का अनुभव किया हो। जब चाबी से इंजन स्टार्ट नहीं होता तो यात्री कार में से उतरकर उसे धक्का लगाते हैं। शुरू में आपकी हर मांसपेशी उस गाड़ी की स्टैटिक इनर्शिया से पार पाने के लिए जोर लगाती है। लेकिन धीरे-धीरे कार में गतिशीलता आती है और कुछ देर में ही वह रफ्तार पकड़ लेती है। कार में बैठा ड्राइवर जब देखता है कि कार ने उचित रफ्तार पकड़ ली है तो वह क्लच छोड़ता है और एक झटके के साथ इंजन काम में जुट जाता है तथा स्टार्ट हो जाता है।

भौतिक वस्तुओं को वेग प्रदान करने का यह एक उदाहरण है। दिलचस्प तौर पर, यही चीज मानव व्यवहार पर भी लागू होती है। **जब आप खुद में सुधार के लिए प्रयास करते हैं, आपके आत्म-परिवर्तन की गति बढ़ती जाती है। इसके पीछे वजह यह है कि सीखा हुआ व्यवहार हर बार के दोहराव के साथ आगे और आसान होता जाता है, जब तक कि आखिरकार यह आदत न बन जाए।**

उदाहरण के लिए, अगर आप सुबह 4 बजे उठकर ध्यान लगाना चाहते हैं तो पहले दिन ऐसा कर पाना बेहद कठिन होगा; लेकिन एक-दो सप्ताह बीतने के बाद यह अभ्यास आप में विकसित हो जाएगा और स्वाभाविक बन जाएगा।

जैसे-जैसे आप अभ्यास करते जाएँगे, यह प्रेरणा आपके हित में काम करने लगेगी। इसे व्यवहारवादी वेग कहते हैं।

बिग मोमेंटम या 'द बिग मो' यानी बड़ा वेग। इस टर्म को 1960 के दशक में अमेरिका में खेल-कूद की घटनाओं से जोड़ा जाता था। इसमें यह पाया गया था कि जब टीमें कुछ मैच लगातार जीत जाती हैं तो वे इस जीतने के क्रम को बरकरार रखना चाहती हैं, मानो उनका जीता हुआ पिछला मैच उनके लिए प्रेरणा का काम करता हो।

वर्तमान में, व्यवहारवादी वेग को और बेहतर तरीके से समझा जा सकता है, क्योंकि अब मस्तिष्क की कार्य-प्रणाली को लेकर हमारी अंतर्दृष्टि और गहरी हो चली है। न्यूरोलॉजी का विज्ञान बताता है कि जब भी हम कोई मानसिक या भौतिक कार्य करते हैं तो हमारा मस्तिष्क हमारे सेंसरी मोटर रीजन, निओकॉर्टेक्स और प्रीफ्रंटल कॉर्टेक्स में न्यूरॉन्स छोड़ता है। लेकिन दिलचस्प है कि मानव मस्तिष्क ऐसी सेल्फ-प्रोग्रामिंग प्रणाली है, जो कि यह महसूस करने पर कि अमुक काम लगातार दोहराया जा रहा है तो यह अपना काम आसान करने के लिए संबंधित न्यूरल प्रोग्राम बना लेता है।

यही वजह है कि कई सामान्य कार्यों में हमारे भीतर विशेषज्ञता पनप जाती है, जैसे कि टाइपिंग का काम। देखने में ऐसा लगता है कि आपको किसी अक्षर का बटन दबाने में सोचना नहीं पड़ता। हमारी उँगलियाँ वास्तव में कीबोर्ड पर अस्पष्ट गति से उड़ती हुई नजर आती हैं। क्या आप वाकई बिना सोचे सही बटन दबा सकते हैं? बिल्कुल नहीं! कोई काम संभव ही नहीं, जो बिना सोचे हो जाए। तो आपने यह काबिलियत कैसे हासिल की? जब आप टाइपिंग का अभ्यास शुरू करते हैं तो आपका मस्तिष्क दोहराए जाते हुए काम को नोट करता जाता है। तब काम को आसान बनाने के लिए यह मस्तिष्क के हिस्से बेसल गैंग्लिया (Basal Ganglia) में प्रोग्राम सहेजता जाता है और धीरे-धीरे समय के साथ काम आसान होता जाता है।

टाइपिंग में यह विशेषज्ञता हासिल कर पाने का राज क्या था? अगर एक अल्पज्ञ गाँववासी, जिसने पहले कभी कीबोर्ड न देखा हो, आपको इस रफ्तार

से बटन दबाते हुए देखे तो उसे हैरानी होगी कि आप ऐसा कैसे कर लेते हैं? आपकी उँगलियाँ इतनी रफ्तार से चल रही होती हैं कि वह कल्पना भी नहीं कर सकता। वह ग्रामीण यही निष्कर्ष निकालेगा कि निश्चित रूप से आपके भीतर कोई चामत्कारिक योग सिद्धि समाहित है। लेकिन आप जानते हैं कि यह बहुत साधारण सा कौशल है, जिसे आपने मात्र साल भर के अभ्यास में हासिल किया है। हमारे मस्तिष्क की यही आदत बनाने वाली प्रकृति है।

मैसाचुसेट्स इंस्टीट्यूट ऑफ टेक्नोलॉजी (एम.आई.टी.) के ब्रेन एंड कॉग्निटिव साइंसेज डिपार्टमेंट की तरफ से सन् 1990 में चूहों पर एक प्रयोग किया गया। चूहों के सिर में दिमागी गतिविधि नापने वाली एक डिवाइस लगाकर उन्हें एक भूलभुलैया में छोड़ दिया गया। उस भूलभुलैया के आखिर में पनीर रखा हुआ था, जिसे चूहे सूँघ तो सकते थे, लेकिन देख नहीं सकते थे। जब वे सूँघते हुए पनीर की तरफ बढ़ रहे थे तो उनके सिर में लगी डिवाइस उनकी दिमागी गतिविधि का स्तर नाप रही थी।

यह गौर किया गया कि जब पनीर की ज़गह बदले बगैर यह प्रयोग रोजाना दोहराया जाने लगा तो चूहों के पनीर तक पहुँचने की रफ्तार दिनोंदिन तेज होने लगी। उनके सिर पर लगी डिवाइस ने इसकी पुष्टि की कि इस काम में उनकी दिमागी गतिविधि की रफ्तार उत्तरोत्तर घटने लगी। यानी कि दिमाग नेटवर्क और न्यूरल पाथवे के जरिए प्रोग्राम बनाता जा रहा था, ताकि काम स्वतः होता चला जाए।

मानव मस्तिष्क में भी इसी तरह की आदत निर्माण की प्रवृत्ति होती है। महर्षि पतंजलि ने अपने *योगसूत्र* में लिखा है—

स तु दीर्घ-काल नैरंतर्य-सतकारासेवितो दृढभूमिः।

(*समाधि पाद* 1.14)

'जब कोई अभ्यास लंबे समय तक पूरे समर्पण और बगैर व्यवधान के किया जाता है तो यह एक आदत के रूप में दिमाग में गहराई से बैठ जाता है।'

धीरे-धीरे, जिन विकल्पों को हम दोहराते रहते हैं, वे हमारे भीतर पनपने लगते हैं और हमारा ही हिस्सा बन जाते हैं। यही कारण है कि कहा जाता है, 'पहले हम विकल्प तैयार करते हैं और उसके बाद विकल्प हमें तैयार करते हैं।' अब, **हमारी पसंद अगर नुकसानदेह है तो जो रफ्तार बनती जाती है, वह हमें गलत दिशा में ले जाती है और हमारे नुकसान का काम करती है। लेकिन अगर हम अच्छे विकल्पों को दोहराना जारी रखते हैं तो प्रेरणा ऐसी बनती है कि वह फायदेमंद दिशा में रफ्तार पकड़ लेती है और हमारे लाभ के लिए काम करती है।**

इससे स्पष्ट होता है कि व्यावहारिक सुधार का सबसे कठिन हिस्सा उसका शुरुआती दौर ही होता है। उस दौरान हमारा दिमाग पुरानी आदतों के न्यूरल रास्तों को तोड़ने में जुटता है और नई आदतों के लिए नए सिरे से सर्किट तैयार करने लगता है। एक बार जब व्यवहारवादी वेग बन जाता है, हम स्वचालित मोड में पहुँच जाते हैं और सफर का आनंद लेते हैं; क्योंकि जीवन में प्रगति लगभग उस स्वचालित स्तर तक पहुँच चुकी होती है।

यह अंतरिक्ष में रॉकेट भेजने जैसा होता है। शुरुआती कुछ मिनटों के लिए अधिकतम जोर की जरूरत पड़ती है, ताकि रॉकेट धरती के गुरुत्वाकर्षण खिंचाव के जोर को तोड़कर ऊपर उठ सके। जब वह पर्याप्त रफ्तार पकड़ लेता है तो ईंधन की खपत अपने न्यूनतम स्तर पर पहुँच जाती है। इसी प्रकार, एक बार जब व्यवहारवादी वेग विकसित हो जाता है तो जीवन के उभार की प्रक्रिया वह रफ्तार पकड़ लेती है, जैसा पहले कभी न हुआ हो।

इस प्रकार से, व्यवहारवादी बदलाव तीन स्तरों से गुजरता है—

1. **जागृत अक्षमता :** इस दौर में हम नए कौशल सीखने में परेशानी महसूस करते हैं, एक फायदेमंद मन:स्थिति हासिल कर लेते हैं या एक अच्छी आदत विकसित करते हैं अथवा वैकल्पिक तौर पर अपनी नुकसानदेह आदत को तोड़ने के लिए जद्दोजहद करते हैं, जो हमारे भीतर ठोस रूप ले चुकी होती है। लेकिन सचेत रूप से ध्यान केंद्रित

करने और अपनी बुद्धि को कार्य में लगाने के बावजूद हम इसमें अक्षम साबित होते हैं।

2. **जागृत क्षमता :** दूसरे दौर में हमने कुशलता का एक मध्यम स्तर विकसित कर लिया। हम अब काम को पूरी दक्षता से अंजाम दे सकते हैं; लेकिन इसके लिए हमें उस पर पूरी तरह ध्यान केंद्रित किए रखना होगा।
3. **अवचेतन क्षमता :** इस अंतिम दौर में, हम खोज लेते हैं कि पहले जिस काम को बेहद सतर्कता से करना पड़ता था, अब वह बहुत आसानी से और बिना पूरा ध्यान एकाग्र किए भी हो जा रहा है, यानी व्यवहारवादी प्रेरणा अब हमारे साथ हो चुकी है।

दुर्भाग्य से, वेग का यही विधान नकारात्मक दिशा में भी बखूबी काम करता है।

नकारात्मक संवेग आपका जीवन खराब कर सकता है

यदि कभी आप गंभीर नशा करने वालों से मिलेंगे तो यह जानकर चौंक जाएँगे कि उनमें से कई तो अपने शुरुआती दौर में विभिन्न क्षेत्रों के प्रतिभाशाली लोग थे। उनसे पूछें कि वे किस तरह इस मनहूस स्थिति में आ गए, तो वे आपको बताएँगे कि यह सब बहुत सीधे-सादे तरीके से शुरू हुआ। जब वे छात्र थे तो उनके दोस्तों ने उन्हें भाँग का एक टुकड़ा दिया। उन्होंने हलके-फुलके अंदाज में इसका कश लिया। तब उन्होंने बुरे-से-बुरे सपने में भी कभी कल्पना नहीं की थी कि वे क्या कर रहे थे?

जल्दी ही, वे नियमित रूप से उन 'टुकड़ों' से धूम्रपान करने लगे; जबकि उनके मन में हमेशा यह भरोसा रहता था कि वे जब चाहें, तब इसे छोड़ सकते हैं। लेकिन नशे की लत धीरे-धीरे जोर पकड़ने लगी और वे भाँग से लेकर हेरोइन तक जा पहुँचे।

धीरे-धीरे उन्होंने पाया कि हेरोइन पीना काफी नहीं है, क्योंकि शरीर व मन

कुछ और पाने की इच्छा कर रहा था। अतः उन्होंने हेरोइन का इंजेक्शन लेना शुरू किया और अपनी नसों एवं मांसपेशियों में सुइयाँ चुभोने लगे। इससे उन्हें उत्साह की एक 'लहर' का अनुभव होने लगा। लेकिन इसका कहीं अंत नजर नहीं आ रहा था, क्योंकि शरीर की नशे की माँग बढ़ती जा रही थी।

अब, नशे की बढ़ती जरूरत पूरा करना वश के बाहर होने लगा, क्योंकि यह अत्यधिक खर्चीली चीज है। माँ-बाप से मिलने वाली पॉकेट मनी इसे हासिल करने में जल्द ही खत्म हो जाती थी। इस तरह, उन्होंने घर से सामान चुराने शुरू किए और उन्हें बेचकर अपनी अगली जरूरत पूरी करने लगे। माँ-बाप भी हैरानी जताने लगे कि घर के सामान कहाँ गायब हो रहे हैं? तब एक दिन ऐसा भी आया, जब घर से सामान चुराना भी नाकाफी हो गया, क्योंकि नशे की जरूरत लगातार बढ़ती जा रही थी।

अगले कदम में, लड़कों ने नशे की तस्करी करना शुरू किया, जबकि लड़कियों ने अपना शरीर बेचना शुरू किया। जब माता-पिता और रिश्तेदारों को इसका पता चला तो उनके लिए यह सामाजिक अपमान और मनोवैज्ञानिक पीड़ा का विषय बन गया। अंततः, इस अत्यधिक विलंबित दौर में यह महसूस होना शुरू हुआ कि वे किस तरह के कीचड़ में धँस चुके हैं! उन्होंने नशा छोड़ने की कोशिश की। लेकिन अब उनका व्यवहारवादी वेग उनके खिलाफ जा चुका था। यहाँ तक कि कई बार नशा उन्मूलन केंद्र जाने के बावजूद रासायनिक लत की जकड़न को तोड़ पाना अत्यधिक संघर्ष का मामला बन चुका था, जो कि एक टुकड़े से बहुत मासूमियत के साथ शुरू हुआ था।

यह एक चरम उदाहरण है नकारात्मक वेग का। लेकिन यही कार्य-प्रणाली हर बार काम करती है, जब हम मनुष्य गलत आदत की गिरफ्त में फँस जाते हैं। श्रीमद्भगवद्गीता में कहा गया है—

ध्यायतो विषयान्पुंसः सङ्गस्तेषूपजायते।
सङ्गात् संजायते कामः कामात्क्रोधोऽभिजायते॥ (2.62)

'विषयों का चिंतन करने वाले मनुष्य की उन विषयों में आसक्ति पैदा हो जाती है। आसक्ति से कामना पैदा होती है। कामना से क्रोध पैदा होता है।'

कट्टर शराबी कभी नहीं सोचता कि यदाकदा का मदिरापान एक दिन उसे इतनी मजबूती से पकड़ लेगा कि ज्यादा शराब पीने से उसे लिवर की बीमारी हो जाएगी। कभी-कभार इंटरनेट सर्फिंग करने वाला यह अनुमान नहीं लगा पाता कि अनुचित साइटों पर उसका अकसर जाना उसे पोर्नोग्राफी का व्यसन लगा देगा। गंभीर जुआरी यह कभी नहीं देख पाता कि उसके मन में मचने वाली दाँव लगाने की बेचैनी आगे चलकर हर शाम उसे परेशानी में डाल देगी।

ये सारे महज नमूने हैं; रासायनिक और व्यावहारिक आदतें हर प्रकार की होती हैं। हम देखते हैं कि माध्यमिक कक्षाओं में पढ़ने वाले बच्चे वीडियो गेम की लत का शिकार हो जाते हैं और बड़े लोग संतुष्टि के लिए कुछ-न-कुछ खाते रहने की आदत के शिकार हो जाते हैं। बहुत सारे लोग 'कसरत की लत' पाल लेते हैं और जरूरत से ज़्यादा समय उस पर खर्च कर डालते हैं। हमने कुछ उपभोक्ताओं के बारे में सुना है, जो इस बात में विश्वास करते हैं कि जब तक आप थककर गिर न जाओ, तब तक खरीदारी करते रहो। ऐसे ही तमाम तरह के जाल हमारे चारों तरफ फैले हुए हैं।

कोई व्यवहार आदत या लत के स्तर पर पहुँच रहा है, उसके कुछ लक्षण इस प्रकार हैं—

- भावनाओं से सामंजस्य बैठाने के लिए किसी व्यवहार पर निर्भर होते जाना।
- शारीरिक और/या मानसिक नुकसान के बावज़ूद आदत को जारी रखना।
- चाहते हुए भी खुद को रोक न पाना और खुद को रोकने में कठिनाई महसूस करना।
- काम, स्कूल या परिवार को नजरअंदाज करके अपने व्यवहार में व्यस्त रहना।

- आदत छोड़ने की कोशिश में ऊबन के लक्षण महसूस करना (जैसे कि अवसाद और चिड़चिड़ापन)।
- समस्या के स्तर को कमतर करके बताना या छिपा ले जाना।

दुःख इस बात का है कि सभी व्यवहारवादी आदतें छोटे पौधों की भाँति होती हैं, लेकिन उनमें संलिप्तता लगातार दोहराए जाने से वे विशाल वृक्ष में बदल जाती हैं। **इसलिए किसी आदत से बचने का सबसे अच्छा तरीका तो यह है कि अव्वल तो उसे शुरू ही न किया जाए या अगर वह आदत शुरू हो चुकी है तो उसके प्रति जागरुक हो जाएँ और जितनी जल्दी हो सके, खुद को उससे अलग ही कर लें।** अन्यथा आप उसे छोड़ने में जितनी देर करते जाएँगे, आगे चलकर उतना ही मुश्किल होता जाएगा।

हमने व्यवहारवादी वेग और हम पर पड़ने वाले इसके अच्छे या खराब असर पर खासी चर्चा कर ली है। आइए, अब इस विश्लेषण से कुछ स्वाभाविक और महत्त्वपूर्ण निष्कर्ष पर ध्यान केंद्रित करें—

प्रश्न : हम अपने जीवन को ऊँचा कैसे उठा सकते हैं?

उत्तर : एक उचित दिशा में व्यवहारवादी प्रेरणा की रचना करके। एक बार यह वेग हमारे पक्ष में काम करना शुरू कर देता है, फिर जल्दी ही हम ऊँचे स्थानों पर उड़ान भर सकते हैं। यह मानिए या न मानिए, यह उतना ही सरल है, जितना बताया है!

प्रश्न : हम कौन हैं और क्या कर रहे हैं? इस जुड़ाव के साथ हम अच्छी रफ्तार कैसे बना सकते हैं?

उत्तर : एक बार फिर, इसका जवाब भी बेहद सरल है! लगातार अच्छे विकल्प चुनें और एक समय में किसी एक अच्छे विकल्प पर काम करें। हमने यह काम दूसरे दिव्य विधान, उत्तरोत्तर वृद्धि के विधान, के अंतर्गत सीखा था।

प्रश्न : अच्छे विकल्प चुनने का राज क्या है?

उत्तर : हाँ, यह स्वाभाविक रूप से एक अगला प्रश्न है। आइए, अब इसके समाधान पर चर्चा करें।

अच्छे विकल्पों के लिए बलिदान की जरूरत होती है

किसी भी क्षेत्र में सफलता के लिए तत्काल सुख के त्याग की जरूरत होती है, तब हम दीर्घकालिक लाभ की अपेक्षा कर सकते हैं। अपने जीवन में किए कुछ तरह के बलिदानों को याद करें?

- जब हम स्कूल में थे और अच्छे अंक चाहते थे, तब हमने खेल-कूद पर खर्च किए जाने वाले अतिरिक्त घंटों का बलिदान किया और उस समय को अपनी पढ़ाई में खर्च किया। हम जानते थे कि अच्छे अंक लाना दर्द से भरा है। हमें गहन अध्ययन को लेकर इस समय की पीड़ा और जीवनपर्यंत औसत बने रहने की पीड़ा में से किसी एक विकल्प को चुनना था।
- जब हम युवा थे और मांसपेशियाँ मजबूत करना चाहते थे, हमने अतिरिक्त पुश-अप्स करने में होने वाली कठिनाई को बरदाश्त किया। हम जानते थे कि शरीर सौष्ठव में बहुत तकलीफ होती है। हमें अभी शरीर को अतिरिक्त तकलीफ में डालने या कमजोर शारीरिक ढाँचे के चलते आगे होने वाली शर्मिंदगी में से एक विकल्प चुनना था।
- जब हम ऑफिस में प्रोन्नति चाहते थे, हम देर रात तक जागते और अपने अधिकारी के लिए पावरप्वॉइंट तैयार करते थे। हम जानते थे कि अपने कॅरियर में आगे बढ़ना कष्ट से भरा है। लेकिन हमें आज के कठिन परिश्रम में होने वाले कष्ट और भविष्य में अपने कॅरियर में ठहराव के दर्द के बीच एक विकल्प चुनना था।
- जब हम अपना वजन काबू में रखना चाहते थे, तब हमने खुद को अतिरिक्त रसमलाई, पेस्ट्री और गुलाबजामुन से दूर रखा। लालच को रोकना कष्टप्रद था, लेकिन हम जानते थे कि अच्छी सेहत के लिए बलिदान जरूरी है। हमारे सामने विकल्प यह था कि या तो हम अभी अपनी इंद्रियों पर रोक लगाने का कष्ट झेल लें या आगे चलकर खराब सेहत की तकलीफ के साथ जीना स्वीकार कर लें।

- जब हमारा अच्छा दोस्त किसी बात से नाराज था और हमसे बात करने की इच्छा नहीं रखता था, तब हमने पूरी विनम्रता बरती और खेद जताया। अपने अहंकार को दबाना कष्ट भरा था; लेकिन हम जानते थे कि दोस्ती बरकरार रखने में बलिदान लगता है। हमारे पास यह विकल्प था कि या तो अभी अपने अहंकार को कुचल देने की तकलीफ झेलें या एक दोस्त को खो देने का दर्द झेलते रहें।

वह मार्क ट्वेन थे, जिन्होंने गौर किया था—'अपनी सेहत को बरकरार रखने का केवल एक ही तरीका है कि जो आपको पसंद न हो, वह खाएँ; जो पसंद न हो, वह पीएँ और वह करें, जो आप करना नहीं चाहते।' हो सकता है कि मार्क ट्वेन सनकी रहे हों, लेकिन उन्होंने जो कहा, उस बात में वजन तो है। अच्छी सेहत के लिए संतुष्टि का बलिदान चाहिए होता है और खुद को अच्छे न लगने वाले काम करने पड़ते हैं।

आँवला का उदाहरण लें। यह एक अनोखा सुपर फूड है, जिसमें आपकी रोग-प्रतिरोधक क्षमता बढ़ाने की अदम्य क्षमता है। एक आँवले में दस नारंगियों के बराबर विटामिन सी होता है और एंटीऑक्सिडेंट भी प्रचुर मात्रा में होता है। लेकिन दिक्कत यह है कि इसका स्वाद बेहद कड़वा होता है। ऐसा अकसर होता है कि माँ अपने बच्चे को आँवला देती है, लेकिन बच्चा उसे बेस्वाद बताकर खाने से मना कर देता है। तब माँ कहती है, *आँवले का खाया और बड़ों का बताया बाद में पता चलता है।* 'मेरे बच्चे, तुम्हें आँवला खाने का और बड़ों की सलाह का महत्त्व बाद में पता चलेगा।'

यही वजह है कि ढंग से चुनने के लिए इच्छा-शक्ति जीवन का एक अनिवार्य गुण है, क्योंकि यह हमें हमारे उच्चतम मूल्यों के अनुरूप एक अनुशासित जीवन जीने में सक्षम बनाती है, आइए, इस पर आगे देखते हैं।

इच्छा-शक्ति की महत्ता

वास्तव में, परिस्थितियाँ हमारे सामने दो प्रकार के विकल्प रखती हैं—'आनंददायक' और 'लाभकारी'। हम जो भी चुनते हैं, वैसे ही नतीजे हमारे

सामने आते हैं या हमें भुगतने पड़ते हैं, जैसा भी मामला हो—

1. 'आनंद' लेने का विकल्प शुरू में संतुष्टिदायक होता है, लेकिन बाद में इसका परिणाम अप्रभावी हो जाता है और व्यक्ति ऐसे अपराध-बोध से भर उठता है, जिसे वह बयाँ नहीं कर सकता है।
2. 'फायदेमंद' विकल्प चुनना शुरू में बहुत ही अप्रिय प्रतीत होता है, लेकिन बाद में इससे हमारे विकास को बढ़ावा मिलता है और साथ ही आंतरिक संतोष भी, क्योंकि हमें पता होता है कि हमने अपना सर्वश्रेष्ठ प्रदर्शन किया है।

इनमें से किसी एक को चुनना हमारा काम है। अच्छे विकल्प वे हैं, जो 'विफलताओं' में से 'सफल' की पहचान करते हैं। सफल व्यक्ति कड़ी मेहनत, दृढ़ता और तपस्या का चयन करता है। विफल लोग इन्हें अप्रिय समझते हैं और नजरअंदाज करते हैं। सफल लोगों को भी वे विकल्प अप्रिय लगते हैं, फिर भी वे उन्हें चुनते हैं। ध्यान देने वाली बात यह है कि **प्रभावी लोग अपनी पसंद और नापसंद को महत्त्व नहीं देते हैं; इसके बजाय वे अपने उद्देश्य की भावना को प्राथमिकता देते हैं और तदनुसार चुनते हैं।** यदि विफल लोग भी लाभकारी विकल्प चुनना सीख जाएँ तो भले ही वे नागवार लगें, लेकिन वे भी सफल होने लगेंगे।

इसलिए, जीवन में सर्वोच्च गुण आत्मानुशासन और इच्छा-शक्ति ही हैं। इतनी सारी समस्याएँ, जिनका सामना लोग करते हैं, उसके पीछे आत्मनियंत्रण की कमी मुख्य वजह होती है। मोटापा, मद्यपान, तर्कहीन खर्च, नशे की लत, व्यायाम की कमी, गुस्से का दौरा, स्कूल में दुर्भावना और कार्य में लापरवाही उनमें से कुछ हैं।

सफलता की राह में बाहरी बाधाएँ तो छोटी होती हैं; सबसे बड़ी बाधाएँ तो हमारा अपना आलस्य, अनुशासनहीनता और उग्रता है। लेखक व शिक्षक जेम्स थॉम ने इसे बेहद अच्छी तरह से व्यक्त किया है—"संभवत: सबसे ईमानदार स्व-निर्मित आदमी वह था, जिसने कहा था, 'मैं बहुत कठिनाई से शीर्ष पर

पहुँचा हूँ—हर कदम पर अपने आलस्य और अज्ञान से लड़ते हुए।'"

इस प्रकार, अधिक अनुशासित बनने के लिए सीखना जीवन में सबसे पुरस्कृत प्रयासों में से एक है। इच्छा-शक्ति का यह संकाय बहुत कुछ एक मांसपेशी की तरह है, जो इस्तेमाल न होने पर सिकुड़ जाती है और व्यायाम करने पर फैलती जाती है। **हम हर बार अपनी इच्छा-शक्ति की मांसपेशियों को कमजोर करते हैं, जब हम अपनी गतिविधि का उचित तरीका जानते हुए भी या तो आलस्य या किसी लालचवश उस पर अमल नहीं करते।** इसी तरह, हर बार जब हम उसे चुनते हैं, जिसके बारे में हम आश्वस्त हैं कि यह हमारे लिए बेहतर है, भले ही उसे कर पाना कितना भी मुश्किल भरा और अप्रिय हो, तब हम अपनी इच्छा-शक्ति को मजबूत बनाते हैं।

इच्छा-शक्ति का निर्माण कुछ-कुछ स्टील के मोटे तार बुनने जैसा होता है—आप इसमें एक-एक पतला तार अलग से जोड़ते जाते हैं। अंत में, केबल इतना मजबूत हो जाता है कि शिपिंग डॉकयार्ड में यह हवा में हजारों टन वजन भी उठा सकता है। इसी तरह इच्छा-शक्ति को तब तक बढ़ाया जा सकता है, जब तक कि वह ऐसी ढाल में न तब्दील हो जाए, जो हमें चारों ओर मौजूद लुभावनी और ध्यान बँटाने वाली चीजों से बचा सके।

मेरी पिछली पुस्तक *7 माइंडसेट्स फॉर सक्सेस, हैप्पीनेस ऐंड फुल्फिलमेंट* (2019) में मैंने इच्छा-शक्ति के विज्ञान और विभिन्न अभ्यासों से इसे विकसित करने के बारे में विस्तार से बताया है। ये हमारे मस्तिष्क के प्रीफ्रंटल कॉर्टेक्स हिस्से में हमारी आत्मनियंत्रण संबंधी मांसपेशियों को विकसित करने में मदद करते हैं।

पुस्तक में अभ्यास के अलावा कुछ अलग तरह के सरल अभ्यास हैं, जो आप अपने लिए निर्धारित कर सकते हैं। अगर आपको कॉफी पीने की आदत है तो महीने भर के लिए इसे छोड़कर अपनी इच्छा-शक्ति को परख सकते हैं। इससे बहुत सरल तरीके से आप अपनी इच्छा-शक्ति मांसपेशी को मजबूत कर सकेंगे। तीसरे दिन आपका मन और इंद्रियाँ चीख रही होंगी, 'यह यातना है! यह हमारे साथ ज्यादती है।' लेकिन आपको छोड़ना नहीं है। जल्द ही, आपको यह आसान

लगने लगेगा। नतीजतन, आप एक अधिक आत्म-नियंत्रित व्यक्ति बन जाएँगे।

यदि आप विश्व समाचार और मौजूदा परिदृश्य से अपनी बुद्धि का मनोरंजन करने के आदी हैं तो आपकी इच्छा-शक्ति का अभ्यास संभवत: ऐसा होना चाहिए कि आप एक महीने के लिए हर तरह के समाचार मीडिया से दूर हो जाएँ। इस बारे में चिंता न करें कि धरती का क्या होगा—यह वैसे ही घूमती रहेगी; लेकिन आप आत्मानुशासन में बढ़ेंगे।

मन और इंद्रियों की प्रकृति ऐसी है कि यदि आप उन्हें एक इंच भी मौका देते हैं तो वे आपसे एक मील की अपेक्षा करने लगती हैं। लेकिन अगर आप दृढ़ निश्चय के साथ उन्हें काबू में करने का अभ्यास करते हैं तो वे जल्द ही शांत हो जाती हैं और आप एक बेहतर इंसान बन जाते हैं।

हालाँकि, सावधानी बहुत जरूरी है। इससे कोई फर्क नहीं पड़ता कि हम अपनी दृढ़ इच्छा-शक्ति को कितना मजबूत कर ले जाते हैं। यह अब भी एक सीमित संकाय है और हमारे चारों ओर फैली माया की चुनौतियों का सामना करने के लिए अपर्याप्त है। इसके विपरीत माया, जो कि प्राकृत शक्ति होने के साथ-साथ ईश्वर की भी शक्ति है, इसलिए वह असीम रूप से शक्तिशाली है। इसमें ध्यान भटकाने, आकर्षित करने और लुभाने की क्षमता बहुत अधिक है। अत: कोई भी कभी भी यह दावा नहीं कर सकता कि 'माया कभी भी मुझे लुभा नहीं सकती'। यहाँ तक कि महान योगी, ऋषि और तपस्वी भी खुद को दुनियावी आकर्षणों के आगे अपने आत्म-संयम को कमतर पाते हैं।

यदि हम अपने सर्वोच्च लक्ष्य तक पहुँचना चाहते हैं तो हमें इच्छा-शक्ति से अधिक बल की तलाश करनी होगी। वह क्या है ? वह है 'क्यों-शक्ति', जो वेदों के अनुसार, कहीं अधिक श्रेष्ठ है। इसके प्रकाशित होने से हमारे आत्म-नियंत्रण में कई गुना की बढ़ोतरी हो सकती है। हम अगले अध्याय में इसकी चर्चा करेंगे।

मुख्य बिंदु

- लॉटरी जीतने वाली मानसिकता, कि एक दिन हमें सफलता जरूर मिलेगी, को छोड़ना होगा।

- व्यक्तिगत उत्कृष्टता और जीवन में कुशलता केवल छोटे-छोटे उत्तरोत्तर सुधारवाले कदमों को अपनाकर ही हासिल होगी।
- हर पल जीवन हमारे सामने विकल्प रखता है। हर विकल्प हमें जीवन में ऊपर या नीचे ले जाने की क्षमता रखता है। जैसे-जैसे हमारी पसंद का नतीजा एकत्र होता जाता है, अंतर महत्त्वपूर्ण होता जाता है।
- किसी भी व्यवहार संशोधन का सबसे कठिन हिस्सा प्रारंभिक चरण होता है। बाद में, व्यवहार की रफ्तार की मदद से हमारे आत्म-परिवर्तन की गति बढ़ जाती है।
- दुर्भाग्य से, रफ्तार का यही विधान नकारात्मक दिशा में भी समान रूप से काम करता है, जिससे हमारा जीवन बरबाद भी हो सकता है।
- हमें अच्छे प्रकार का दर्द चुनना सीखना होगा, जो हमारी तरक्की और अच्छी सेहत सुनिश्चित करे, न कि हम गलत प्रकार का दर्द चुन लें, जिससे जीवन में ठहराव और खराब सेहत का परिणाम मिले।
- ज्यादा-से-ज्यादा आत्मानुशासित होना सीखना किसी के जीवन में सबसे ज्यादा फलदायी प्रयास होता है।
- इच्छा-शक्ति बहुत कुछ हमारी मांसपेशियों की तरह होती है, जो इस्तेमाल न होने पर सिकुड़ जाती हैं और नियमित अभ्यास से फैल जाती हैं।
- लेकिन यह भी है कि हम चाहे जितना इसे विस्तारित कर लें, इच्छा-शक्ति की भी सीमाएँ हैं और हमारे इर्द-गिर्द मौजूद चुनौतियों के सामने अकसर ये अपर्याप्त सिद्ध होती हैं।

□

3

विश्वासों/आस्थाओं का विधान

समय-समय पर हम सब बड़े दुःख के साथ इस बात से वाकिफ होते जाते हैं कि हमारी इच्छा-शक्ति नाकाफी है। परम आत्मनियंत्रण के साथ हम एक स्वास्थ्य संवर्धक खान-पान पर दो हफ्ते तक टिक पाते हैं; लेकिन उसके बाद एक दिन अपना नियंत्रण खो देते हैं और फिर से बेपरवाह खाने-पीने लगते हैं। हम तय करते हैं कि ज्यादा समय सोशल मीडिया पर नष्ट नहीं करेंगे और यहाँ तक कि इस पर अगले दस दिनों तक अडिग भी रहते हैं। लेकिन ग्यारहवें दिन हम महसूस करते हैं कि हमारा आत्म-संयम ध्वस्त हो चुका है और हम अगले तीन घंटे तक इंटरनेट पर बिना किसी उद्देश्य के सर्फिंग करते रहते हैं। हम अभ्यास करते हैं कि अपनी जबान को काबू में रखें और अगले पंद्रह दिनों तक सभी से मीठी बोली में बात करें। लेकिन एक सप्ताह बीतता है, किसी के चिढ़ाने वाले व्यवहार से हमारी सहन-शक्ति जवाब दे जाती है और हम भड़क उठते हैं।

एक तरफ, हमारे चारों ओर नाना प्रकार की चुनौतियाँ हैं और दूसरी तरफ, हमारी आत्म-संयम की सीमित क्षमता है। क्या हमारी 'इच्छा-शक्ति' की विवशता से परे जाने का कोई रास्ता है?

बिल्कुल है और समाधान है—'क्यों-शक्ति' की क्षमता को खोलना।

इच्छा-शक्ति से परे जाना

'क्यों-शक्ति' क्या है? मैं इसे अपने एक अनुभव को साझा करके समझाता हूँ।

जब मैं इंजीनियरिंग कॉलेज में था, मैं अकादमिक पाठ्यक्रम पसंद नहीं करता था। इसके लिए संभवतः दुनिया भर के छात्रों में यह कथन असामान्य नहीं है, लेकिन मेरे मामले में कुछ ज्यादा ही था। स्कूल में मुझे मानविकी और भाषा विषय प्रिय थे, लेकिन दुर्भाग्य से मैंने विज्ञान में अच्छा कर दिखाया। नतीजा यह हुआ कि मेरे शुभचिंतकों ने मुझे इंजीनियरिंग कॉलेज की तरफ धकेल दिया। मैंने अपनी महाभूल में कई गुना इजाफा तब कर लिया, जब मैंने स्पेशलाइजेशन के लिए मेकैनिकल इंजीनियरिंग की ब्रांच चुन ली, जहाँ मुझे खराद मशीनों, शीट मेटल वर्कशॉप, आयरन फाउंड्रीज और कंबश्चन इंजनों से जूझना पड़ा।

इसका परिणाम यह हुआ कि मेरा दिमाग शांति, स्थिरता एवं समरसता की तलाश करने लगा और मैंने विचित्र और उबाऊ मशीनों, कॉपर फाइलिंग तथा भाप की भयानक आवाज वाले माहौल से तौबा कर ली। स्वाभाविक था, मेरे भीतर इच्छा-शक्ति बहुत थोड़ी मात्रा में थी और मौके-बेमौके मैं प्रयोगशाला व कक्षाएँ छोड़ता गया। मैं कैंपस की लाइब्रेरी में बैठकर कविताएँ पढ़ना ज्यादा पसंद करता था, बजाय कि गैस टर्बाइन कंप्रेशर्स में ऐक्सियल तापमान ढलान की परिकल्पना में थर्मोडायनेमिक्स के समीकरण हल करने में अपना सिर खपाने के। मेरा अनुमान था कि कक्षा में आधे से ज्यादा छात्र मेरी ही तरह समान रूप से पढ़ाई को लेकर अगंभीर थे और हर किसी के पास उनके अपने निजी कारण थे।

हालाँकि, सेमेस्टर-दर-सेमेस्टर और साल-दर-साल एक दिलचस्प पैटर्न स्वतः सामने आने लगा। परीक्षाओं से पहले की रात हॉस्टल के सभी छात्र, उनमें मैं भी शामिल था, अपने कमरों में पाए जा सकते थे, जो कि पूरी तरह अगले दिन की तैयारी में डूबे होते थे, रात भर पढ़ते रहते थे। यह अचानक आत्मानुशासन कहाँ से पैदा हो गया? उन छात्रों का अपने मन पर ऐसा नियंत्रण पूरे साल नजर नहीं आया।

आत्म-त्याग के लिए अचानक पैदा हुई क्षमता का स्रोत 'इच्छा-शक्ति' नहीं, बल्कि 'क्यों-शक्ति' थी। छात्रों ने वजह बताई, 'अगर मैं रात को जल्दी सोने का आनंद लेने लगा तो मैं कल परीक्षा में फेल हो जाऊँगा। इसकी इजाजत

नहीं दे सकता; मुझे जागना और पढ़ना ही होगा, चाहे मेरा मन और मेरी इंद्रियाँ चीखें-चिल्लाएँ कि यह ठीक नहीं है।'

'क्यों-शक्ति' का यह एक उदाहरण है, जो उस प्रेरणा के बारे में बताता है, जो तब उभरती है, जब हम बहुत गहराई से प्रेरित होते हैं। **यदि हम कुछ करने के लिए एक अनिवार्य कारण से आश्वस्त हो जाते हैं तो हमें असंभव काम करने के लिए अचानक अपने भीतर ऊर्जा के छिपे भंडार के बारे में पता चलता है।**

मान लें कि आपके पड़ोस की एक बिल्डिंग में अचानक आग लग गई और आप उसे खड़े होकर देख रहे हैं। जलते हुए मकान का मालिक आपसे आग्रह करता है कि अंदर जाकर उसकी बेशकीमती चीजें निकालने में मदद करें। आप जोखिम उठाने से सिरे से मना कर देंगे और यह भी संदेह करेंगे कि वह पागल हो गया है, जो आपसे ऐसी उम्मीद कर रहा है!

लेकिन उसकी जगह अगर आपका घर जल रहा हो और उस दौरान आपकी दो साल की बेटी अंदर सो रही हो, तब आप क्या करेंगे? अब पूरा परिदृश्य ही बदल जाएगा। आग की भयानक लपटों के बावजूद आप उस दावानल में प्रवेश करने का साहस जुटा लेंगे और अपनी प्यारी बेटी को बचाकर निकाल लाएँगे।

अचानक आपके भीतर वे नायकों वाले गुण कैसे पैदा हो गए कि आग बुझाने वाले लोगों को भी आपने पीछे छोड़ दिया? यह आपके भीतर मजबूत प्रेरणा की मौजूदगी का असर है, जिसने आपके सर्वश्रेष्ठ को जगा दिया। प्रेरणा की यही वह शक्ति होती है, जिसके चलते माताएँ कार तक को उठा लेती हैं, अगर उसके नीचे उनका बच्चा आ जाए।

ये कुछ उदाहरण हैं 'क्यों-शक्ति' के, जो बेहद आम लोगों से महामानव सरीखे काम करवा सकती है। आइए, इस शक्ति के आधार को समझने की कोशिश करें और देखें कि हम इसे कैसे खोल सकते हैं?

क्यों-शक्ति का स्रोत

हम दिव्य आत्माएँ हैं और यह शरीर हमारी बाहरी मशीन है। हमारी आंतरिक मशीन प्राथमिक तौर पर मन और बुद्धि हैं। लोग मन की महत्ता समझते हैं और उसे नियंत्रित करने में संघर्ष करते रहते हैं। लेकिन वे यह नहीं समझते कि उनकी बेहतरी के लिए बुद्धि को साधना ज्यादा जटिल है।

श्रीमद्‌भगवद्‌गीता में भगवान श्रीकृष्ण ने अर्जुन से बुद्धि और मन दोनों को साधने की बात कही है—

मय्येव मन आधत्स्व मयि बुद्धिं निवेशय।
निवसिष्यसि मय्येव अत ऊर्ध्वं न संशयः। (12.8)

'तुम अपने मन और बुद्धि को मुझमें ही स्थिर करो, तदुपरांत तुम मुझमें ही निवास करोगे, इसमें कोई संशय नहीं है।'

जैसा कि हम देख सकते हैं, भगवद्‌गीता हमें अपनी आंतरिक मशीन के दोनों पहलुओं, यानी मन व बुद्धि पर काम करने के लिए निर्देश देती है। **जब हम अपने मन को नियंत्रित करने का प्रयास करते हैं तो वह हमारी *इच्छा-शक्ति* का अभ्यास होता है।** और **जब हम अपनी बुद्धि को लेकर उचित विश्वास विकसित कर लेते हैं तो वह हमें *क्यों-शक्ति* प्रदान करती है।**

इसके पीछे क्या वजह है कि 'क्यों-शक्ति' हमारी इच्छा-शक्ति से ज्यादा मजबूत होती है? *यजुर्वेद* इसका उत्तर देता है—

इंद्रियेभ्यः परा ह्यर्था अर्थेभ्यश्च परं मनः
मनसस्तु परा बुद्धिर्बुद्धेरात्मा महानपरः॥

(*कठोपनिषद्*, 1.3.10)

'भौतिक इंद्रियों से परे इंद्रियों के विषय (शब्द, रूप, रस आदि) हैं; इंद्रियों के विषयों की तुलना में मन सूक्ष्म है। मन से श्रेष्ठ बुद्धि है और बुद्धि से परे आत्मा है।'

उपनिषद् का श्लोक बताता है कि बुद्धि का दर्जा मन से श्रेष्ठ है। इसलिए हमारा विश्वास होता है कि हमारी बुद्धि मन की कार्य-प्रणाली को नियंत्रित कर लेगी। मन की तुलना में बुद्धि की शक्ति से जुड़ा एक और उदाहरण मैं देता हूँ।

मान लें, किसी की कमजोरी है मीठा खाना। लेकिन डॉक्टर ने उसे चेता रखा है कि उसकी शुगर की मात्रा प्रीडायबेटिक दायरे में है और उसके लिए सजग रहना बेहतर है। परिणामस्वरूप, वह अपने लोभ को नियंत्रण में रखने को लेकर संघर्ष करता है। उसका मन और जिह्वा चीनी का आनंद लेने के लिए लालायित रहते हैं, जिन्हें रोकना उसे मुश्किल लगता है।

हालाँकि, वही इंसान जब अपनी पसंदीदा जलेबी खाने ही वाला हो और अचानक कोई चीख पड़े, 'जलेबी में जहर है। इसे खाया तो तुम मर जाओगे।'

अब परिस्थिति भयानक रूप से बदल जाती है। बुद्धि तुरंत हरकत में आ जाती है। वह मन और इंद्रियों को निर्देश देती है, 'जलेबी बेहद खतरनाक है। इससे मौत हो सकती है, इसलिए खुद पर काबू रखो।'

एक बार जब बुद्धि तय कर लेती है तो मन और इंद्रियों को उसे मानना ही होता है। चाहे जो हो जाए, वह इंसान जलेबी खा ही नहीं सकता, क्योंकि उसका विश्वास खतरनाक जहर से बँध जाता है।

बुद्धि की यही शक्ति है। जब यह खुद को आगे लाने का फैसला कर लेती है तो मन को उसके अधीन आज्ञा का पालन करमा मजबूरी हो जाती है। इस उदाहरण से साबित होता है—**हमारे भीतर जितनी भी मशीनें हैं, उनमें बुद्धि सर्वोच्च स्थान रखती है।** और चूँकि विश्वास बुद्धि का दृढ़ निश्चय होता है, इसलिए वे अत्यधिक ताकतवर होते हैं। वे पूरे अधिकार के साथ हमारे दोनों मनों—चेतन एवं अवचेतन की कार्य-प्रणाली को आदेश दे सकते हैं।

इसलिए, हमारे जीवन की दिशा और गुणवत्ता तय करने में विश्वासों की भूमिका समझना अत्यावश्यक है।

आस्थाओं की शक्ति

यात्रियों का एक दल ग्रामीण इलाके में फँस गया था। खाने में उनको पुराने राशन से काम चलाना पड़ा। वह खाने योग्य था या नहीं, यह तय करने के लिए उन्होंने भोजन को पहले परखने का फैसला किया। उन्होंने उसे एक कुत्ते के आगे परोसा, जिसने आनंद से उसे खाया और उस पर किसी तरह का कोई नकारात्मक लक्षण भी नजर नहीं आया। इससे वे भी आश्वस्त हुए कि खाना सुरक्षित है और उन्होंने उसे खाकर अपनी भूख मिटाई।

अगले दिन उनको पता चला कि कुत्ता रात में मर गया। इस खबर पर हर कोई कूद पड़ा। बहुतों ने उलटी शुरू कर दी और बुखार व दस्त की शिकायत करने लगे। फूड पॉइजनिंग के शिकार लोगों को देखने के लिए डॉक्टर बुलाया गया।

डॉक्टर ने पूछा कि कुत्ते के शव का क्या हुआ? पता लगाया जाने लगा। एक पड़ोसी ने बेहद लापरवाही से बताया, "उस कुत्ते को तो हमने गड्ढे में गाड़ दिया, क्योंकि उसके ऊपर कार चढ़ गई थी।" यह सुनकर कि कुत्ते की मौत हादसे में हुई थी, न कि खाने के जहरीला होने से, वे बीमार लोग आश्चर्यजनक रूप से ठीक होने लगे।

यह है भरोसे की शक्ति! वे हमें ठीक कर सकते हैं और बीमार भी कर सकते हैं। अगर हमारी बुद्धि पूरी तरह आश्वस्त हो जाए कि हमें बीमार महसूस करना है तो हमारा अवचेतन उसके ही अनुरूप व्यवहार करने लगता है, मानो वह पहले से ही सत्य हो और हमें बीमार करने के लिए अनजान बन जाता है। हमारा अवचेतन मन इस पर शक नहीं करता और यह मानकर चलता है कि हमारी बुद्धि ने जो सोचा होगा, वह सच ही होगा। इसलिए **हम जिस चीज पर भी मजबूती के साथ भरोसा करते हैं, वह हमारी आभासी वास्तविकता हो जाता है, भले ही वह सच हो या नहीं। और हमारे भरोसे की तीव्रता जितनी मजबूत होगी, उसका हमारी भावनाओं पर उतना ही गहरा प्रभाव होगा।** महान उद्योगपति और कारोबारी हेनरी फोर्ड ने ठीक ही कहा था, "अगर

आपको यह भरोसा हो कि आप अमुक काम कर सकते हैं या अगर आपको यह विश्वास हो कि आप नहीं कर सकते, तो दोनों ही मामलों में आप दुरुस्त हैं।"

बगैर इसका आकलन किए हम खुद को अपने विश्वासों के जरिए सीमित कर बैठते हैं। जब एक शिक्षक के भीतर यह मजबूत समझ बैठ जाती है कि वह स्कूल का प्रिंसिपल नहीं बन सकता तो उसका अवचेतन प्रोन्नति के उसके अवसरों को बिगाड़ता जाता है और उसका अपना सबसे बुरा शत्रु बन बैठता है। बाहरी शत्रुओं को पहचाना और उनसे निपटा जा सकता है। लेकिन इस मामले में शत्रु अस्पष्ट रूप से हमारे भीतर गलत दृढ़ विश्वास के रूप में बैठा होता है। यह चीज उन्हें अधिक खतरनाक बनाती है।

वहीं दूसरी तरफ, जब हम अनंत क्षमता के विधान में पूरे उत्साह से विश्वास करते हैं तो हमारा अवचेतन जीवन में हमें ऊँचाई की ओर ले जाने के लिए काम करने लगता है। हम सभी उस अत्यंत प्रेरक उदाहरण के बारे में जानते हैं कि कैसे एक चायवाला भारत के प्रधानमंत्री के पद तक पहुँच सका। उनके अद्‌भुत उदय में किसका योगदान है? अगर उन्होंने यह सोचा होता कि चाय बेचने के लिए ही वे पैदा हुए हैं तो उन्होंने शायद कभी भी ज्यादा महत्त्वपूर्ण सपना नहीं देखा होता। हालाँकि, निश्चित रूप से, जीवन को लेकर उनका नजरिया बहुत गहरा रहा होगा कि उनका जीवन बहुत मूल्यवान चीजों के लिए बना है। उनके विश्वास ने उनको ऊपर की ओर उठाया और उन्हें उस बिंदु तक पहुँचा दिया, जहाँ उनके पास देश की 130 करोड़ जनता या दुनिया की आबादी के 17.7 प्रतिशत हिस्से की सेवा करने का अवसर था।

अतः, हम देख सकते हैं कि किस तरह हमारे व्यक्तित्व में विश्वास सबसे बड़ी ताकत के रूप में काम करता है, जो हमारे फायदे के लिए या नुकसान से बचाने के लिए काम करता है। उसी स्पष्टता के साथ अब हम तीसरे दिव्य विधान पर आते हैं—

आस्था या विश्वास का विधान

हमारे जीवन की दिशा हमारे उस विश्वासों से तय होती है जिन्हें हम अपनी बुद्धि में धारण करते हैं।

अगर आप यह मानते हैं कि जीवन में पैसा ही सब कुछ है तो स्वाभाविक है कि आप अपना जीवन रुपए इकट्ठे करने में खर्च करेंगे। इसकी बजाय, यदि आप यह मानते हैं कि सामाजिक प्रतिष्ठा का मोल सबसे ज्यादा है तो आप चुनाव जीतने में पैसे उड़ाने लगेंगे। और अगर आपका विश्वास है कि ईश्वर के प्रति प्रेम सबसे बड़ी पूँजी या खजाना है तो निश्चित रूप से, आप भक्ति की तलाश में अपना समय बिताएँगे।

हम सोचते हैं कि हम आँखों की रोशनी से चलते हैं, लेकिन तथ्य यह है कि हमारे जीवन की राह हमारे भरोसे से निर्धारित होती है। मैं एक और व्यक्तिगत उदाहरण साझा करता हूँ—मेरे अपने जीवन की दिशा से।

मैं दुनिया भर में घूमता हूँ। एक सवाल मेरे सामने किसी-न-किसी तरह आ ही जाता है, "स्वामीजी, आपने आई.आई.टी. और आई.आई.एम. से पढ़ाई की। फिर ऐसा क्या हुआ कि आपने दुनिया को त्यागने का इतना बड़ा कदम उठा लिया और संन्यास ले लिया?" लोग मुझसे किसी दर्दनाक वाकए को साझा करने की अपेक्षा करते हैं, जिसने मेरे जीवन के सफर को ही बदल दिया।

लेकिन मेरा जवाब उनके सामने क्लाइमेक्स के विपरीत मिलता है। मैं उनसे कहता हूँ, "मेरे साथ केवल एक चीज हुई और वह यह है—मेरा भरोसा उस ज्ञान में था, जिसे मैं आपके साथ साझा करता हूँ।"

वे हैरान होकर पूछते हैं, "वाकई?"

"हाँ, मेरा यह विश्वास था कि मैं भौतिक चीजों से बना केवल शरीर भर नहीं हूँ, बल्कि एक दिव्य आत्मा भी हूँ। मैं यह भी विश्वास करता था कि मेरी आत्मा ईश्वर का एक अंश है। और इसलिए, मैंने तय किया कि मेरे जीवन का

उद्देश्य मेरे शाश्वत संबंधी की सेवा करना होना चाहिए।"

तब लोग जवाब देते हैं, "लेकिन हम भी तो मानते हैं कि हम आत्मा हैं और ईश्वर का छोटा रूप हैं। तो आपके समान आध्यात्मिक तड़प हमारे भीतर क्यों नहीं प्रज्वलित होती?"

"फिर तो इसका अर्थ यह है कि आप वाकई विश्वास नहीं करते, क्योंकि अगर आप ऐसा करते तो आपको भी मेरे जैसा ही अनुभव होता आध्यात्मिक पुकार का, कि ईश्वर को अपने जीवन की सर्वोच्च प्राथमिकता बना लें। याद रखें, जानने और विश्वास करने में अंतर है। हम बहुत सारी चीजें जानते हैं, लेकिन सवाल यह है कि हम उनमें विश्वास कितना करते हैं?"

इसलिए, जैसा कि मैंने पहले भी कहा कि हमारे जीवन की दिशा हमारे विश्वास से निर्धारित होती है, चाहे हम यह मानें कि हम एक शरीर हैं या आत्मा, चाहे हम कर्म के विधान में यकीन करें आदि, हमारे मूल्य इन्हीं से निर्धारित होते हैं। अतः यह जरूरी है कि हम अपना विश्वास बेहद सावधानी से चुनें।

खराब विश्वास हमारा जीवन तबाह कर सकते हैं

विश्वास दोधारी तलवार की तरह काम कर सकता है। अच्छा विश्वास हमें बढ़ती सफलता के लिए सशक्त बना सकता है, जबकि खराब विश्वास हमें ऐसे बाधित कर सकता है, जिसकी किसी से तुलना नहीं की जा सकती है। उदाहरण के लिए, यदि आपको भरोसा है कि कार्यस्थल पर काबिलियत को सराहा जाता है, बढ़ावा दिया जाता है तो आप पेशेवर महारत हासिल करने के लिए प्रेरित होंगे। इसकी बजाय, अगर आप यह समझते हैं कि ऑफिस में प्रमोशन केवल राजनीति का मामला है तो स्वाभाविक है कि आप अपने सर्वश्रेष्ठ प्रदर्शन को लेकर हतोत्साहित ही होंगे।

यहाँ उदासीनता तनख्वाह या कठोर काम के माहौल या किसी और चीज का मुद्दा नहीं है। यह महज एक गलत धारणा का मामला है कि 'काबिलियत नहीं, बल्कि जोड़-तोड़ से प्रमोशन तय होता है।' कितना दुःखद है! विकास

के लिए काम का माहौल अनुकूल होना चाहिए, लेकिन गलत धारणा वाला शत्रु हमारे भीतर बैठा हुआ है। इसलिए आइए, **इस सूत्र को गाँठ बाँध लें कि हमारी अपनी बनाई गलत या खराब धारणा के सिवा और कोई भी चीज हमारा जीवन बरबाद नहीं कर सकती।**

अकसर अभिभावक मेरे पास आते हैं और कहते हैं, "स्वामीजी, मेरा किशोर उम्र का बेटा बरबाद हो चुका है। वह नशे की लत के भयानक शिकंजे में है। मैं क्या करूँ?"

मैं जवाब देता हूँ, "उसकी संगत का पता करो। अगर उसके करीबी आवारा प्रवृत्ति के हैं, तभी उसकी धारणा बुरी तरह प्रभावित हुई है। नशेड़ियों की संगति में वह भी आश्वस्त हो चुका है। अपनी जिम्मेदारियों का त्याग करने का और नशे के आगोश में रहने का उसका अनुभव ही अब उसे अच्छे जीवन की परिभाषा प्रतीत हो रही होगी। वही खराब धारणा उसे बरबाद कर रही है।"

जैसा कि कहा भी जाता है—*संग का रंग पड़ता है।* उन किशोर उम्रवालों के लिए यह खासतौर पर प्रासंगिक है, जो दूसरों से शीघ्र प्रभावित होते हैं, क्योंकि उनकी अपनी धारणाएँ बेहद नाजुक अवस्था में होती हैं। अत: किशोरों के लिए यह बहुत महत्त्वपूर्ण है कि वे ऐसे दोस्तों को चुनें, जो कठिन परिश्रम, सच्चाई और समर्पण को महत्त्व देते हो।

खराब धारणाओं का खतरा वयस्कों पर भी उतना ही प्रबल होता है, क्योंकि हमारी अज्ञानता इसमें आड़े आ जाती है। लोग मुझसे पूछते हैं, "स्वामीजी, ऐसा क्यों होता है कि जो लोग अच्छा काम करते हैं, सबसे ज्यादा उन्हें ही झेलना पड़ता है; जबकि जो खराब काम करते हैं, वे आनंदित दिखते हैं?"

मैं उनको सजग करता हूँ, "कृपया दोबारा ऐसा कभी मत सोचना। अगर यही तुम्हारा विश्वास बन गया तो तुम भी एक खराब इंसान बनना चाहोगे, क्योंकि तुम आश्वस्त हो जाओगे कि इससे तुम्हें भी आनंद मिलेगा।"

"तथ्यात्मक रूप से तुम्हारा आकलन दोषपूर्ण है। तुम केवल बाह्य आवरण देखकर यह निष्कर्ष निकाल रहे हो कि अमुक व्यक्ति आनंदित है, क्योंकि उसके

पास बड़ा घर और कार है। अगर तुम अंदर से देखोगे, तब तुम कहोगे कि राम¨ राम¨ राम¨, मैं तो उससे कहीं ज्यादा बेहतर हूँ।"

इसलिए, अपनी धारणाओं को दिमाग में स्थायी करने से पहले बहुत सावधानी बरतने की जरूरत है, यहाँ तक कि मुँह में खाना रखने से भी ज्यादा सावधानी। अल्बर्ट आइंस्टाइन ने कहा था कि ब्रह्मांड को लेकर लोगों में दो प्रकार की धारणाएँ होती हैं—'हमारा सबसे महत्त्वपूर्ण निर्णय यह होता है कि क्या हम यह भरोसा करते हैं कि हम एक अनुकूल ब्रह्मांड में रह रहे हैं या प्रतिकूल ब्रह्मांड में?'

कुछ लोग मानते हैं कि सृष्टि पुरुषवादी है। वे आश्वस्त हो चुके हैं कि जीवन की घटनाओं में निष्पक्षता और न्याय जैसी चीज नहीं होती। उनका दृढ़तापूर्वक यह नजरिया है कि यह दुनिया रहने की दृष्टि से बेहद दुःखदायी जगह है। उसी के अनुरूप वे हर तरफ दुर्गति, अपर्याप्तता और उत्पीड़न ही पाते हैं।

इसके उलट ऐसे भी लोग हैं, जो दुनिया को आनंदमयी जगह के रूप में देखते हैं। वे इस बात को लेकर आश्वस्त हैं कि जीवन के रूप में हमारी आत्मा पर अपार अवसरों का आशीर्वाद हासिल है। उनका यह विश्वास है कि ब्रह्मांड में अथाह भंडार भरा पड़ा है और जो लोग कुछ हासिल करने का प्रयास करते हैं, उनके लिए अपार संभावनाएँ मौजूद हैं। वे दूसरों में अच्छाई ही देखते हैं। वे हालात को लेकर आशावादी हैं और भविष्य के प्रति उम्मीदों से भरपूर। इसमें जरा भी संशय नहीं कि जो आशावादी हैं, उन्हें ही ज्यादा शुभकामनाएँ प्राप्त होती हैं और वे ही जीवन में आगे बढ़ते हैं। निराशावादी अपनी किस्मत को दोष देते हैं और जरा सा भी यह महसूस नहीं करते कि इसको तो उन्होंने ही आकर्षित किया है।

आपको ध्यान होगा कि हम चर्चा कर चुके हैं कि खराब मान्यताओं को नजरअंदाज करना कितना जरूरी है। लेकिन इसका तरीका क्या है? हम कैसे नुकसानदेह विश्वासों को मिटाकर उनकी जगह उत्पादक मान्यताओं को विकसित कर सकते हैं? इस पर आगे चर्चा करते हैं।

अच्छी मान्यताओं का तरीका

दु:खद बात यह है कि हम केवल विश्वासों को अपने साथ होने देते हैं। उदाहरण के लिए, हम अपने वातावरण से कुछ राय चुनते हैं। जैसा कि अमेरिका में कहते हैं—'डेमोक्रेट्स के बच्चे भी डेमोक्रेट्स होते हैं और रिपब्लिकंस के बच्चे रिपब्लिकंस होते हैं।' राजनीति को लेकर लोगों की राय परिवार के माहौल से निर्धारित होती है, बजाय इस पर गहन विश्लेषण के।

दूसरी मान्यताएँ केवल इसलिए विकसित होती हैं, क्योंकि हम उनके बारे में लगातार कुछ सुनते रहते हैं।

हिटलर के कार्यकाल में जोसेफ गोएबेल्स प्रोपेगैंडा मिनिस्टर था, जो गलतबयानी के लगातार दोहराव की ताकत को जानता था। उसने कहा था, "अगर आप एक झूठ बोलते हैं और उसे दोहराते रहते हैं तो लोग अंतत: उसे ही सच मानकर विश्वास करने लगते हैं।" बीसवीं सदी का सबसे बड़ा दुर्भाग्य नाजियों के चलते दुनिया के सामने आया, जिन्होंने इस विधान के जरिए जर्मन लोगों को झाँसा दिया एवं झूठ को भी सच मानने को बाध्य किया और इसके चलते उनको दूसरे विश्व युद्ध में झोंक दिया गया।

दोहराव की ताकत से गलत धारणा फैलाने का यह सबसे बड़ा मामला था। लेकिन अस्वास्थ्यकर धारणाओं को फैलाने का खतरा हमारे चारों ओर अब भी बना हुआ है। इस साइबर युग में हालात और भी ज्यादा जटिल हैं। फर्जी खबरें, वीडियो और तसवीरें कुछ ही सेकंड में सोशल मीडिया मंचों पर लाखों लोगों तक पहुँच जाती हैं। जैसा कि किसी ने कहा है, 'सच जितनी देर में जूते पहनता है, उतनी देर में झूठ आधी दुनिया का सफर कर चुका होता है।' जब तक तथ्य को एक मौका मिलता है, झूठ उससे पहले ही सच के तौर पर स्वीकार किया जा चुका होता है।

इस तरह की कानों सुनी बातें हमारे भरोसे वाली प्रणाली के लिए विनाशकारी हैं। इसके पीछे सीधा-सा तर्क यह है कि गलत जानकारी से गलत धारणा बनती

है और सही जानकारी से सही विश्वास पनपता है। **सटीक विश्वास विकसित करने के लिए हमें एक भरोसेमंद स्रोत के जरिए सटीक ज्ञान हासिल करना चाहिए।** यह पहला कदम है। इसे *श्रवणम्* या सुनना कहते हैं। दूसरे चरण में, हमें ज्ञान पर चिंतन-मनन करना चाहिए। इसे *मननम्* कहते हैं। तीसरा और आखिरी चरण को *निदिध्यासानम्* कहते हैं, जिसका अर्थ होता है—ज्ञान के आधार पर बुद्धि के अनुरूप फैसला करना।

लेकिन अगर पहला चरण ही गड़बड़ हो जाए, यानी कि जो ज्ञान हम सुन रहे हों, उसमें ही खराबी हो तो दूसरे और तीसरे चरण केवल गड़बड़ी को ही कई गुना बढ़ा देंगे। नतीजतन, यह बहुत जरूरी है कि हमारे ज्ञान का स्रोत निश्चित रूप से भरोसेमंद हो। सटीक स्रोत क्या होता है ?

वेदों के अनुसार मनुष्य के जरिए तैयार ज्ञान में चार तरह की खराबी हो सकती है—1. *कर्णापाटव,* 2. *भ्रम,* 3. *प्रमाद* और 4. *विप्रलिप्सा।* आइए, इन्हें और गहराई से समझें।

1. कर्णापाटव (सीमित सोच या अनुभव की कमी)

हम इंसानों को पाँच इंद्रियाँ हासिल हैं—आँख, कान, नाक, जीभ और त्वचा। ये इंद्रियाँ सीमित दृष्टिकोण के दायरे में ही केवल काम करती हैं। उदाहरण के लिए, हमारी आँखें अति सूक्ष्म चीजों को नहीं देख सकतीं। उनका दायरा बढ़ाने के लिए हम माइक्रोस्कोप का प्रयोग करते हैं और फिर भी आणविक गतिविधि अस्पष्ट ही रहती है। यही कारण है कि हिग्स-बोसॉन जैसे कणों को यह मान लिया जाता है कि अस्तित्व में हैं, क्योंकि उन्हें देखा नहीं जा सकता है।

2. भ्रम

मनुष्य दो प्रकार के भ्रमों के अधीन है। पहला, कि किसी एक चीज को कुछ और समझ लेना। उदाहरण के लिए, हम ताँबे की चेन को सोने की चेन समझ लेते हैं। हम शरीर को आत्मा समझ बैठते हैं। इसी तरह, हम मानते हैं कि दुनिया की अस्थायी चीजें स्थायी रूप से हमारे साथ रहेंगी।

दूसरी तरह के भ्रम में हम वह चीज हकीकत मान बैठते हैं, जो कि वास्तव में मौजूद ही नहीं होती। उदाहरण के लिए, रेगिस्तान में मृगतृष्णा पानी की धारणा बनाती है, हालाँकि वहाँ पानी होता नहीं। इसी तरह, हम भरोसा कर लेते हैं कि हमारी इंद्रियों से जुड़ी चीजें हमें आनंद प्रदान करेंगी और हम उसी भ्रम के पीछे भागते रहते हैं।

3. प्रमाद (गलतियाँ)

कभी-कभी हम अनजाने में गलतियाँ करते हैं। जैसा कि कहा जाता है, 'गलतियाँ ही हमें इंसान बनाती हैं।' उदाहरण के लिए, डॉक्टर किसी दवा का उल्लेख करना चाहता है, लेकिन असावधानीवश दूसरी दवा मरीज के परचे में लिख बैठता है। फार्मासिस्ट दवाएँ देने में गलतियाँ करता है। इसी प्रकार कंप्यूटर प्रोग्रामों एवं पुस्तकों आदि में लिखने में गलतियाँ होती हैं।

4. विप्रलिप्सा (धोखा देने की प्रवृत्ति)

दूसरों को धोखा देने की नीयत से झूठे दावे करने की प्रवृत्ति होती है या दूसरों की नजर में 'अच्छा' बनने के लिए हम ऐसा करते हैं। दंपति एक-दूसरे को छोटे व बड़े मामलों को लेकर धोखा देते हैं। यहाँ तक कि विद्वान वैज्ञानिक भी प्रतिष्ठा पाने के लिए अपने प्रयोगों के झूठे नतीजों का ऐलान कर देते हैं। यह दोष पाखंड के समान है, जो किसी के दोषों को छिपाने और गैर-मौजूद गुणों को प्रदर्शित करने की प्रवृत्ति है।

ये चार दोष सभी मनुष्यों में मौजूद हैं। अतः यदि लोगों को अपनी समझदारी या अक्लमंदी साझा करते देखें तो पाएँगे कि वह त्रुटि-रहित नहीं है, बल्कि अगर हम इन चार प्रकार की दुष्प्रवृत्तियों से मुक्त होकर ज्ञान हासिल करना चाहें तो हमें निश्चित तौर पर एक सटीक स्रोत तलाशना होगा।

ऐसे त्रुटि-रहित ज्ञान का स्रोत हैं हमारे वेद। वेदों को प्राप्त अपार सम्मान के पीछे वजह यह है कि वे *अपौरुषेय* हैं, अर्थात् उन्हें मानव ने रचा ही नहीं

है। वे सभी सृष्टि के प्रारंभ में स्वयं ईश्वर द्वारा उल्लिखित हैं। अत: उनमें जो ज्ञान भरा हुआ है, वह सटीक है। हम देखते हैं कि किस तरह वैज्ञानिक विधान कुछ दशक बाद किसी नए विधान के जरिए पछाड़ दिए जाते हैं। लेकिन वैदिक ग्रंथों में दिए गए आध्यात्मिक विधान हजारों वर्षों से जस-के-तस हैं। नतीजतन *मनुस्मृति* कहती है—

भूतं भव्यं भविष्यं च सर्वं वेदात प्रसिध्यति।

(श्लोक 12.97)

'किसी भी आध्यात्मिक विधान की सत्यता का निर्धारण करने का अंतिम अधिकार वेदों में निहित है।'

वैदिक ज्ञान को वैदिक शास्त्रों में ईश्वर से साक्षात्कार करने वाले संतों ने विस्तार से समझाया है। जब हम इन दो सटीक स्रोतों के आधार पर विश्वास स्थापित करते हैं, यानी ईश्वर से साक्षात्कार करने वाले संतों और वैदिक शास्त्र, तो उन विश्वासों को 'श्रद्धा' कहा जाता है। जगद्गुरु शंकराचार्य ने इसका अर्थ समझाया है—

गुरु वेदांत वाक्येषु दृढ़ो विश्वास: श्रद्धा।

'वैदिक ग्रंथों में दिए शब्दों और गुरु के कथन में दृढ़ विश्वास ही 'श्रद्धा' कहलाती है।'

दिलचस्प है, *श्रद्धा* संक्रमणीय है, यानी जिन संतों के पास ये ज्ञान हैं, हम उनसे इसे हासिल कर सकते हैं। इसका अर्थ यह हुआ कि अगर एक व्यक्तित्व भी *श्रद्धा* हासिल कर ले और हम यदि उस व्यक्ति से जुड़ जाएँ तो हम भी शास्त्रों एवं संतों के अनुरूप ही विश्वास विकसित कर सकते हैं। संत तुलसीदास ने कहा है—

एक घड़ी आधी घड़ी आधी में पुनि आध।
तुलसी संगत साधु की कोटि कटे अपराध॥

'संतों की संगति एक ऐसा आशीर्वाद है कि यदि आप उनके साथ एक पल के लिए भी रहें तो आप पापों से मुक्त हो सकते हैं।' क्यों? क्योंकि उनका साथ दिव्य ज्ञान के प्रति आस्था को बढ़ाने वाला होता है।

कुल मिलाकर, अच्छी आस्था या *श्रद्धा* विकसित करने का तरीका यही है कि वेदों और गुरु से जुड़ जाएँ। इसके लिए जो प्रक्रिया अपनाई जाती है, उसे 'सत्संग' कहते हैं, जिसका अभिप्राय है—'वह जुड़ाव, जो हमारे मन को सच की ओर अग्रसर करे।' श्रीमद्भागवत में कहा गया है—

सतां प्रसंगान् मम वीर्य-संविदो,
भवन्ति हृत-कर्ण-रसायना: कथा:।
तज-जोषणाद् आश्व अपवर्ग-वर्तमनि,
श्रद्धा रतिर्भक्तिरनु क्रमिष्यति (3.25.25)

इस श्लोक का अभिप्राय है कि जब हम सिद्ध महापुरुषों से जुड़ते हैं तो हम उनके जरिए दिव्य ज्ञान की बातें सुनते हैं, जो हमारे कानों के लिए अमृत के समान होती हैं। उन्हें सुनने से सबसे पहले विश्वास विकसित होता है, उसके उपरांत ईश्वर से जुड़ाव और फिर धीरे-धीरे ईश्वर का स्नेह हमारे हृदय में अंकुरित होने लगता है।

इस पुस्तक का लक्ष्य यही बताना है कि आपकी बुद्धि में भली आस्थाओं के बीज का अंकुरण कैसे हो। इसमें मैंने वैदिक ग्रंथों और साधुओं के आध्यात्मिक विधानों के निचोड़ को समाहित किया है और उसके उपरांत आधुनिक उदाहरणों तथा वास्तविक जीवन की कहानियों से उसी ज्ञान को विस्तार से बताने का प्रयास किया है, ताकि आप उससे जुड़ सकें।

हमारे जीवन में सबसे अहम आस्था, जो हम सभी स्थापित करते हैं, वह है आनंद की। हम आनंदित कैसे रहें, इसे लेकर हमारी राय हमारे मूल्यों, नैतिकताओं, दृष्टिकोणों, लक्ष्यों आदि से बनती है। इसलिए आइए, आनंद के विषय पर आगे चर्चा करें।

मुख्य बिंदु

- इच्छा-शक्ति से परे है क्यों-शक्ति। यह एक प्रेरणा है, जो तब उत्पन्न होती है, जब हम गहराई से प्रेरित होते हैं।
- इच्छा-शक्ति हमारे मन को नियंत्रित करने की हमारी क्षमता होती है; जबकि क्यों-शक्ति उन आस्थाओं से पनपती है, जिन्हें हमारी बुद्धि सहेजकर रखती है। सफलता के लिए 'श्रीमद्भगवद्गीता' हमें दोनों पर काम करने के लिए प्रेरित करती है।
- विश्वास हमारे व्यक्तित्व के भीतर सबसे बड़ी शक्ति है, क्योंकि हमारा अवचेतन उसे सच होने का भरोसा दिलाता है, तथ्य चाहे जो भी हों।
- अच्छा हो या बुरा, हमारे जीवन की दिशा हमारे विश्वासों से निर्धारित होती है।
- बुरे विश्वास ज्यादातर खराब ज्ञान की वजह से पनपते हैं। हमारे जीवन को उनसे ज्यादा और कोई बरबाद नहीं कर सकता है।
- अच्छे विश्वास ज्ञान के भरोसेमंद स्रोतों पर आधारित होने चाहिए।
- मनुष्य के द्वारा विकसित ज्ञान में चार तरह की गड़बड़ियाँ हो सकती हैं। सटीक ज्ञान के लिए हमें वैदिक ग्रंथों और संतों का समागम करना चाहिए।
- ज्ञान को विश्वास में बदलने के लिए हमें तीन चरणों की प्रक्रिया अमल में लानी चाहिए—*श्रवण-मनन-निदिध्यासन,* अर्थात् सुनना, मनन करना व विश्वास करना।

□

4

आनंद का विधान

इस पुस्तक का चौथा अध्याय आनंद के संबंध में है, जो कि एक और अत्यंत गंभीर विषय है। मैं पहले ही आपको सजग कर देना चाहता हूँ कि यह अध्याय इस पुस्तक का सबसे ज्यादा दार्शनिक अध्याय होगा। इसका निष्कर्ष आश्चर्यजनक रूप से सरल और अत्यधिक मूल्यवान होगा। लेकिन यहाँ तक पहुँचने के लिए हम तदनुरूप तार्किक बहसों की एक श्रृंखला के माध्यम से आगे बढ़ेंगे। उन पर जरूर मनन करें, क्योंकि वे निश्चित रूप से आपके लिए फायदेमंद साबित होंगी।

हम सब आनंद की तलाश में हैं

हम सब आनंदित दिखने में जुटे रहते हैं। इसकी थाह को लेकर हम सबकी राय अलग-अलग होती है, लेकिन हमारा लक्ष्य एक ही रहता है। कोई यह मानता है कि आनंद दोस्तों की संगति में होता है, जबकि दूसरे को यह लगता है कि समाज को त्यागकर हिमालय पर जाकर रहने से आनंद मिलता है। भले ही ये दोनों विचार एक-दूसरे के सर्वथा विपरीत हों, फिर भी दोनों एक ही चीज की तलाश में हैं, जिसे *आनंद, परमानंद, शांति, मजा, सुख* और *लुत्फ* कहते हैं।

लगभग 2,500 साल पहले अरस्तू ने हमारे जीवन में इस समानता को महसूस किया था और कहा था—'जीवन के मायने और उद्देश्य, संपूर्ण लक्ष्य और कुल मिलाकर मानव अस्तित्व आनंद के लिए ही है।' अरस्तू यह जानकर कौतूहल से भर उठे होंगे कि उनके दौर से 2,500 साल पहले वेदों ने इसी सत्य

को अधिक प्रभावी ढंग से घोषित किया था—

प्रयोजनमनुद्दिश्य मंदोऽपि न प्रवर्तते।

'कोई मूर्ख व्यक्ति भी बगैर उद्देश्य के कुछ नहीं करता; और हम सभी के सामने जो एक उद्देश्य होता है, वह है आनंद।' हमारी हर गतिविधि या तो इसकी तलाश है या उस ओर बढ़ाया गया हमारा कदम।

उदाहरण के लिए, कल्पना करें कि एक किसान अपने खेत में काम कर रहा है। वह क्यों इतनी मेहनत कर रहा है? ताकि उसे अच्छी फसल मिले। वह क्यों प्रचुर मात्रा में फसल चाहता है? इसलिए कि फसल बेचकर अच्छी-खासी कमाई कर सके। वह क्यों ढेर सारा पैसा चाहता है? ताकि वह एक आरामदायक घर और एक अच्छी सी कार खरीद सके। वह क्यों इन विलासिता वाली चीजों को चाहता है? ताकि वह एक अच्छी पत्नी पा सके और एक प्यारा-सा परिवार आगे बढ़ा सके। वह क्यों अच्छा पारिवारिक जीवन चाहता है? ताकि वह आनंदित रह सके।

अंततः, हम सब आनंद चाहते हैं और अगर हम किसी अन्य चीज की तलाश में हैं भी तो वह इसलिए, क्योंकि उससे हमें आनंद मिलेगा। अगर लोग आश्वस्त हो जाएँ कि उन्हें जीवन में आनंद नहीं मिलेगा तो वे आत्महत्या जैसे कदम उठाने से भी परहेज नहीं करेंगे। 'अगर उस लड़के ने मुझसे शादी की तो मुझे आनंद मिलेगा। उसने दूसरी लड़की से शादी कर ली। अब मुझे वह आनंद नहीं मिलेगा। इसलिए मुझे अपने जीवन का अंत कर लेना चाहिए।'

अपने चारों तरफ मौजूद विज्ञापनों को देखिए। वे सभी वादे कर रहे होते हैं कि अलग-अलग तरीकों से हमें आनंदित रखेंगे। भले ही हमारा लक्ष्य एक है, फिर भी उसे हासिल करने के हमारे रास्ते अलग-अलग हैं। इसके चलते हमें दुनिया में विविधता नजर आती है।

दुनिया में चार तरह के लोग

जब बात आनंद की खोज के तरीकों की आती है तो ये चार श्रेणियों में वर्गीकृत किए जा सकते हैं—

एके सत्पुरुषा: परार्थघटका: स्वार्थं परित्यज्य ये
सामान्यास्तु परार्थमुद्यमभृता: स्वार्थाविरोधेन ये
तेऽमि मानुषराक्षसा: परहितं स्वार्थाय निघ्नन्ति ये
ये तु घ्नन्ति निरर्थकं परहितं ते के न जानीमहे।

(*नीतिशतक* 75)

इस श्लोक में संत भर्तृहरि कहते हैं कि मनुष्य चार प्रकार के होते हैं—

- पहले प्रकार के लोग वे होते हैं, जो निस्स्वार्थ भाव से दूसरों की सहायता करते हैं। भर्तृहरि कहते हैं, 'यह संत व्यक्तित्व की पहचान है।'
- दूसरे प्रकार के लोग वे होते हैं, जो अपना हित साधने के प्रयास में लगे होते हैं, लेकिन साथ ही यह ध्यान भी रखते हैं कि इससे दूसरों के हित को नुकसान न पहुँचे। भर्तृहरि कहते हैं, 'ये आम लोग होते हैं।'
- तीसरे प्रकार के लोग वे होते हैं, जो दूसरों के हितों को नुकसान पहुँचाकर अपने हित साधना चाहते हैं। भर्तृहरि कहते हैं, 'ये पैशाचिक प्रवृत्ति के लोग होते हैं।'
- आखिरी श्रेणी में वे लोग आते हैं, जो दूसरों को नुकसान पहुँचाने के लिए ही काम करते हैं, भले ही उस प्रक्रिया में वे खुद को भी नुकसान पहुँचा लें। भर्तृहरि कहते हैं, 'ऐसे लोग इस कदर बुरे होते हैं, जिनको नाम देने के लिए मेरे पास शब्द नहीं हैं।'

इस विश्लेषण से पता चलता है कि दो प्रकार के लोग ऐसे होते हैं, जिनको अपने आनंद से कोई मतलब नहीं होता—1. संत प्रवृत्ति के लोग, जो निस्स्वार्थ भाव से दूसरों की मदद करना चाहते हैं, और 2. अत्यधिक बुरे लोग, जो बगैर किसी कारण के दूसरों को चोट पहुँचाना चाहते हैं।

नहीं, बिल्कुल नहीं! यहाँ तक कि इन दो प्रकार के लोगों का भी लक्ष्य स्वार्थ से भरा होता है। क्या हैं ये? रामचरितमानस में कहा गया है—

संत हृदय नवनीत समाना, कहा कविन्ह परि कहइ न जाना॥

इस दोहे का अर्थ है कि संत लोगों का हृदय इतना कोमल होता है कि वे दूसरों का दु:ख देखकर दु:खी हो जाते हैं, जबकि दूसरों के आनंद में उन्हें आनंद मिलता है। इसलिए, अपने निजी नुकसान की कीमत पर भी वे दूसरों की मदद करते हैं, क्योंकि इससे उनको अपना आनंद महसूस होता है।

अब कुटिल लोगों पर देखिए। रामचरितमानस में ही कहा गया है—

काहू की जौं सुनहिं बड़ाई, स्वास लेहिं जनु जूड़ी आई।
जो काहू कै देखहिं विपती, सुखी भए मानहुँ जग नृपती॥

'कुटिल लोग दूसरों को पीड़ा में देखकर मगन होते हैं और अगर फलता-फूलता देख लें तो तड़प उठते हैं। अत: वे अपने नुकसान की कीमत पर भी दूसरों को कष्ट पहुँचाने से परहेज नहीं करते, क्योंकि इससे उनको आनंद मिलता है।'

हम देखते हैं कि यहाँ तक कि ये दो श्रेणी के लोग भी आनंदित रहने का प्रयास करते हैं। अत: हम कह सकते हैं कि हमारा वहाँ तक पहुँचने का तरीका कुछ भी हो, हर किसी का अंततोगत्वा लक्ष्य आनंद पाने का ही है।

अब परम आनंद पाने में मुश्किल क्या है?

आनंद की विडंबना

रहस्य यह है कि हम सब परम आनंद की तलाश में हैं और फिर भी क्षितिज से उठते किसी इंद्रधनुष की तरह हम उस तक पहुँच नहीं पाते। दरअसल, हम जितना ही आनंद तलाशते हैं, उतने ही ज्यादा परेशान होते जाते हैं। अगर हम सहज रूप से अपने आसपास देखें तो सटीक तौर पर यही पाएँगे।

देश को आजादी प्राप्त किए हुए लगभग 70 साल होने जा रहे हैं। इस अवधि में औसत घरेलू आमदनी करीब 700 प्रतिशत बढ़ी। महँगाई को घटाने के

बाद जो वास्तविक आमदनी बचती है, मैं उसकी बात कर रहा हूँ। सात दशक में वास्तविक आमदनी सात गुना बढ़ी है। लेकिन क्या आपने कभी अच्छी खबर सुनी कि भारत में रहने वाले लोग आज ज्यादा आनंदित हैं?

इसका उलटा जरूर सुना होगा। इस अवधि में देश में *करोड़पतियों* की संख्या सैकड़ों गुना बढ़ गई। हालाँकि, जो आँकड़े मैं जुटा सका हूँ और आकलन कर पाया हूँ, उसके अनुसार आनंदित रहने वाले लोगों की संख्या आधी हो गई है; किशोरों में आत्महत्या की दर तीन गुना तक बढ़ गई है; तनावग्रस्त लोगों की संख्या चार गुना हो चुकी है और तलाक के मामले पाँच गुना तक बढ़ चुके हैं। (इतनी तेजी से तलाक के मामले बढ़ने के बावजूद दुनिया के मुकाबले भारत में यह संख्या अब भी न्यूनतम है। दुःखद यह है कि हम इस मामले में अन्य देशों को तेजी से पछाड़ते जा रहे हैं।)

यहाँ समस्या क्या है? हम सब परिपूर्णता के लिए भाग रहे हैं, लेकिन इसका उलटा पाते हैं। यह उस चीज से मिलता-जुलता है, जैसा महात्मा विदुर ने मैत्रेय ऋषि से कहा था—

सुखाय कर्माणि करोति लोके, न तैः सुखं वान्यदुपारमं वा।

(श्रीमद्‌भागवतम् 3.5.2)

'संसार में हर व्यक्ति आनंदित रहने की कोशिश करता है। फिर भी उसकी पीड़ा की क्या वजह है?' इस पर मुझे एक छोटी सी कहानी याद आ गई—

एक व्यक्ति पहली बार मानसिक रूप से बीमार लोगों से मिलने अस्पताल गया हुआ था। संस्था के वार्डन ने उसे चारों तरफ भ्रमण कराया। रास्ते में उन्हें एक मरीज मिला, जो अपने कमरे में बैठा हुआ लगातार बड़बड़ाए जा रहा था, "लैला... लैला... लैला..."

आगंतुक ने हैरानी में पूछा, "यह किसी तोते की तरह 'लैला-लैला' क्यों बोले जा रहा है?"

वार्डन ने जवाब दिया, "यह लैला नाम की लड़की से प्यार करता था।

उसकी शादी किसी और से हो गई। उसके चलते इसका मानसिक संतुलन बिगड़ गया और अब यह उसका नाम बड़बड़ाता रहता है।'

इसके बाद वे एक और मरीज से मिले, जो अपने कमरे में बैठा था और एक ही नाम रटे जा रहा था, "लैला··· लैला··· लैला··· "

आगंतुक को और हैरानी हुई और उसने फिर पूछा, "एक ही स्त्री का नाम और कितने लोग जप रहे हैं यहाँ? क्या उसके ढेर सारे प्रेमी थे?"

वार्डन ने कहा, "नहीं। यह वह व्यक्ति है, जिसने लैला से शादी की थी। यह भी पागल हो गया।"

यह मजाक पत्नियों पर कटाक्ष या व्यंग्य नहीं है। इसे संतुलित करने के लिए मैं पतियों को लेकर भी एक कहानी सुनाता हूँ।

एक पति सुबह उठा और अपनी पत्नी की सेहत को लेकर फिक्रमंद होते हुए बोला, "प्रिये, क्या तुमको रात में डरावने सपने आते हैं? तुम मेरे बारे में तमाम वाहियात बातें बोलती जा रही थीं।"

पत्नी ने जवाब दिया, "मैं सपना नहीं देख रही थी, बल्कि पूरी तरह जाग रही थी।"

मजाक अपनी जगह, आइए, आकलन करते हैं कि यहाँ क्या हो रहा है? किसी भी चीज के जरिए आनंद की तलाश में तीन चरण होते हैं—1. **पहले** वस्तु, व्यक्ति या रुतबा हासिल किया जाता है; 2. **जब** हम उस वस्तु, व्यक्ति या रुतबे से आनंद पा रहे होते हैं, और 3. **बाद में** वह इच्छित वस्तु, व्यक्ति या रुतबा हम गँवा देते हैं। इनमें से प्रत्येक चरण का अपना संबंधित दुःख है।

उदाहरण के लिए, मान लें कि एक नागरिक अपने शहर की मेयर बनना चाहती है। अपने इच्छित आनंद को प्राप्त करने के चरण कुछ इस प्रकार के होंगे—

1. मेयर बनने से पहले

अपनी इच्छा पूरी करने के लिए वह अपने परिवार के साथ गुणवत्तापरक समय बिताने को प्राथमिकता न देकर समुदाय से मिलने-जुलने को प्राथमिकता देती

है। वह सामाजिक मेलजोल करना चाहती है, जहाँ कि वह भाषण दे सके। वह समुदाय के कद्दावर राजनीतिक लोगों का शुभचिंतक होने का आभास कराती है। उसके हर बयान पर विपक्षियों की नजदीकी नजर रहती है, जो उसकी छोटी सी गलती पकड़कर उसकी खिंचाई कर सकें।

परिणामस्वरूप, मन की शांति का जो सुख वह पहले उठाती थी, वह अब समाप्त हो जाता है। अपना मनोवांछित रुतबा हासिल करने के प्रयास में वह तनाव का अनुभव करती है।

2. जब वह मेयर बनती है

अब मान लेते हैं कि संयोग से वह चुनाव जीत जाती है। तब उसे कुछ समय के लिए थोड़ा सा आनंद मिलता है। लेकिन यह क्षणिक आनंद होता है और जल्दी ही उसे अपनी साख बचाने की चिंता होने लगती है, जिसे उसने बड़ी मुश्किल से इकट्ठा किया होता है। विपक्ष लगातार उस पर आरोप लगाता है और जनता की नजर में उसकी छवि खराब करने पर तुला रहता है।

इस क्रम में अपनी मनोवांछित स्थिति हासिल करने के बाद उसे दो तरह की आफत से जूझना पड़ता है। पहला तो यह कि अपना पद बरकरार रखने के लिए उसे जोड़-तोड़ करना पड़ता है और दूसरा, भविष्य में हार की आशंका से वह चिंतित रहती है।

3. जब वह मेयर का चुनाव हार जाती है

अंततः कल्पना करें कि वह अपना एक कार्यकाल पूरा करती है और पुनः चुनाव के लिए खड़ी होती है, लेकिन इस बार हार जाती है। अब उसे अपनी पुरानी लोकप्रियता एवं शक्ति की कमी खलने लगती है और इसके कारण वह बहुत ज्यादा दु:खी हो जाती है।

यही पीड़ा हम तब महसूस करते हैं, जब कोई वस्तु, व्यक्ति या रुतबा, जिसका हम आनंद उठा रहे होते हैं, हमसे अलग हो जाता है।

उपर्युक्त के आधार पर हम देखते हैं कि **कहीं भी आनंद की तलाश में तीन चरण होते हैं—वस्तु हासिल होने से पहले, उसे पाने पर और जब वह हमसे दूर हो जाती है। ये सभी चरण पीड़ा से जुड़े हुए हैं।** तो हम इतनी कठिनाई से प्रयास क्यों करते हैं? हम मानते हैं कि हम अब भी परम सुख से वंचित हैं, लेकिन हमारा प्रयास जरूर रंग लाएगा और हम भविष्य में आनंद से परिपूर्ण हो जाएँगे। नतीजतन, तार्किक विश्लेषण के इस क्रम को थोड़ा और जारी रखते हैं।

भविष्य के आनंद का भ्रम

बहुत सारे लोग सोचते हैं कि वर्तमान में वे आनंदित नहीं हैं, लेकिन उम्मीद करते हैं कि भविष्य में जरूर आनंदित होंगे। मौजूदा समय में उन्हें जो हासिल रहता है, वह उनको आनंदित कर पाने के लिए काफी नहीं होता। अगर वे थोड़ा और हासिल कर लें या ऊपरी वर्ग में पहुँच जाएँ तो निश्चित तौर पर परिपूर्णता हासिल कर लेंगे।

गरीब सोचता है कि अगर वह लखपति बन जाए तो सब कुछ ठीक हो जाएगा। लेकिन अगर आप लखपतियों से पूछें कि क्या वे आनंदित हैं, तो वे कहेंगे कि दस लाख तो कुछ होते ही नहीं हैं। अगर वे करोड़पति हो जाएँ तो आनंदित हो सकते हैं। अब करोड़पतियों से पूछो कि क्या वे आनंदित हैं, तो वे कहेंगे कि हालत यह हो गई है कि अगर नींद की गोली न लें तो नींद ही न आए।

तो यहाँ हो यह रहा है कि आनंद का भ्रम लगातार टूटता जाता है। इसे रेगिस्तान में किसी मृग-मरीचिका के भ्रम से समझा जा सकता है। गरम रेगिस्तानी बालू में सूर्य की किरणों के प्रतिबिंब के चलते हिरन को यह भ्रम हो जाता है कि आगे पानी मौजूद है। प्यास से व्याकुल होकर वह उस ओर दौड़ पड़ता है। लेकिन वह जितना ही उस ओर दौड़ता है, उतना ही भ्रम और दूर होता जाता है। उसी क्रम में; हम भी यह महसूस करते हैं कि अगर हम अपने पास भौतिक वस्तुएँ और बढ़ा लें तो हम आनंदित रहेंगे; लेकिन यह दौड़ कभी समाप्त नहीं होती।

विकासशील देशों में लोग सोचते हैं कि अगर वे अमेरिका में रहते तो यह

स्वर्ग जैसा होता, इसलिए अमेरिका के लिए वीजा की चाह सबसे ज्यादा होती है। हालाँकि, जब मैं अमेरिका में अपने भ्रमण पर था तो अकसर वहाँ रह रहे भारतीयों से पूछता था, "भारत में लोग सोचते हैं कि चूँकि आप बेशुमार चीजों से भरी धरती पर रहते हैं तो आप अविश्वसनीय रूप से आनंदित होंगे। क्या उनका सोचना सही है?"

इसका प्राय: मैं यह उत्तर पाता हूँ, "स्वामीजी, दूर से देखने पर ऐसा ही लगता है। लेकिन यहाँ रहने के बाद हमें महसूस होता है कि हमारे आनंद का अनुभव भारत में रह रहे लोगों जैसा ही है।"

फिर भी, भारत में रहने वाले लोग यह मानने को तैयार नहीं होते। 'ऐसा कैसे हो सकता है कि अमेरिका में भी रहकर लोग आनंदित नहीं हैं, जो कि एक ऐसा देश है, जो संभावनाओं और धन-संपत्ति से भरपूर है?'

लेकिन अमेरिका में भी दूर स्थित आनंद का भ्रम उसी तरह बरकरार है।

एक बार मैं फ्लोरिडा के टैंपा में व्याख्यान दे रहा था। हफ्ते भर के कार्यक्रम के आखिरी दिन एक महिला ने मुझसे पूछा, "स्वामीजी, यहाँ से आप कहाँ जाएँगे?"

मैंने जवाब दिया, "न्यूयॉर्क।"

यह सुनते ही उसने आँखें गोल-गोल करके मुझे देखा। उत्साहित होकर बोली, "न्यूयॉर्क!" मानो वह कोई आनंद से भरी धरती हो!

आगे न्यूयॉर्क में मैंने अपने श्रोताओं से पूछा, "आप सबके बारे में बाकी अमेरिका ऐसा सोचता है, मानो आप आनंद के स्वर्ग में रहते हैं। क्या उनका सोचना सही है?"

मुझे जवाब की जरूरत नहीं थी। उनके उतरे हुए चेहरे ही सब बयाँ कर रहे थे। न्यूयॉर्क मुझे मुंबई की याद दिलाता है। जब न्यूयॉर्क के लोग लोकल मेट्रो में सफर करते हैं या मैनहट्टन में पार्किंग की जगह तलाशते हैं तो सारा मजा काफूर हो जाता है। इसके बावजूद बाकी का अमेरिका इस बात को मानता है कि वह शंग्री ला है।

अंग्रेजी में एक कहावत है, जिसका अर्थ कुछ यूँ है—'बाड़ के दूसरी ओर की घास हमेशा हरी होती है।' हर शख्स सोचता है, 'मैं आनंदित नहीं हूँ; दूसरे लोग अवश्य ही आनंदित होंगे।' हालाँकि, **वेद हमें बताते हैं कि भौतिक सुख के विभिन्न स्तर पिछले की तुलना में एक स्तर ऊँचे नजर आते हैं। लेकिन जब हम अगले स्तर पर पहुँच जाते हैं तो जल्द ही असंतोष का शिकार हो जाते हैं और उसके अगले स्तर पर जाने की इच्छा करने लगते हैं।**

फैक्टरी कर्मचारी फोरमैन बनना चाहता है। फोरमैन प्लांट मैनेजर बनने की चाह रखता है। प्लांट मैनेजर उत्पादन प्रमुख बनना चाहता है। लेकिन विडंबना यह है कि उत्पादन प्रमुख भी समान रूप से असंतुष्ट होता है और मुख्य कार्यकारी बनने की कोशिश करता है।

चक्रधरोऽपि सुरत्वं सुरत्वलाभे सकलसुरपतित्वम्
भवितुं सुरपतिरूर्ध्वगतित्वं तथापि ननिवर्तते तृष्णा।

(*गरुड़ पुराण*)

इस श्लोक के अनुसार, एक राजा दुनिया का सम्राट बनना चाहता है; सम्राट को स्वर्ग का देवता बनने की चाह होती है; स्वर्ग के *देवता* इंद्र बनना चाहते हैं, जो कि स्वर्ग का सम्राट होता है; इंद्र को ब्रह्मा के पद की चाह है। इच्छाओं का कभी अंत नजर नहीं आता।

दरअसल, ये श्रेणियाँ भले ही अलग-अलग नजर आती हों, लेकिन आनंद का अनुभव जस-का-तस ही रहता है। अगर यह सच है तो हम अपने अथक प्रयासों के बावजूद आनंद क्यों नहीं ढूँढ़ पाते हैं? हम क्या गलती करते हैं?

आनंद हमसे दूर क्यों चला जाता है

सिगमंड फ्रायड को मनोविश्लेषण का जनक माना जाता है। हम सभी ने उनका नाम सुन रखा है। लेकिन कुछ लोग यह भी जानते हैं कि मन को लेकर उनके समस्त विधानों के बावजूद फ्रायड बहुत बुरी तरह से आनंदित व्यक्ति न थे। अपने पुस्तक *सिविलाइजेशन एंड इट्स डिस्कंटेंट्स* में वे लिखते हैं—'लंबे

जीवन का हमारे लिए क्या फायदा, यदि वह कठिन हो, आनंद की अनुभूति से पूरी तरह निर्जन हो और पीड़ा से भरा हुआ हो, और अगर यह दु:ख से इतना भरा है कि हम मृत्यु का स्वागत केवल मुक्तिदाता के रूप में ही कर सकते हैं?'

आनंद को लेकर यही उलझाने वाली पहेली है। आइए, इस पहेली को जरा और दार्शनिक तरीके से सुलझाने की कोशिश करें। महाभारत में कहा गया है—

प्रक्षालनाद्धि पंकस्य दूराद् अस्पर्शनं वरम्।

अर्थात् बेहतर है कि अपने पाँव कीचड़ में पड़ने से बचाओ, ताकि उन्हें साफ करने के लिए पानी माँगने की जरूरत ही न पड़े। इसी प्रकार, हम आनंद की लालसा रखते हैं; लेकिन ये ही लालसाएँ हमारे दु:खों की वजह बनती हैं। अगर हम इनको पैदा ही न करें तो बेहतर स्थिति में हो सकते हैं।

नीचे दिया गया उदाहरण स्पष्ट करेगा कि हमारी इच्छाएँ आनंद के बजाय हमें पीड़ा कैसे पहुँचाती हैं!

मान लेते हैं कि रमेश और दिनेश एक हॉस्टल में साथ रहते हैं। रात दस बजे रमेश इच्छा जताता है, "मैं आनंदित रहने के लिए एक सिगरेट पीना चाहता हूँ।"

दिनेश उसे टोकते हुए कहता है, "पहले ही सोने का समय हो चुका है। सिगरेट की क्या जरूरत है? भूल जाओ और सो जाओ।"

दिनेश सो जाता है; लेकिन रमेश को चैन नहीं पड़ता। सिगरेट की इच्छा उसे लगातार उकसा रही है। वह हॉस्टल के स्टोर पर जाता है; लेकिन वह पहले ही बंद हो चुका होता है। फिर वह कॉलेज की दुकान पर पहुँचता है; लेकिन वह भी बंद हो चुकी है। इसलिए वह अपनी मोटर साइकिल उठाता है और कैंपस के मुख्य द्वार पर पहुँचता है। उसकी खोजबीन जारी रहती है। अंतत: वह पास के बाजार से अपनी पसंदीदा चारमीनार ब्रांड की सिगरेट पा ही जाता है। वह एक पैकेट खरीदता है और अपने हॉस्टल लौट आता है। वहाँ वह सिगरेट सुलगाता है, हर कश का आनंद लेता है, सुकून पाता है, फिर सोने चला जाता है।

अगली सुबह दिनेश रमेश से पूछता है, "रात को तुम कितने बजे सोए थे?"

"लगभग बारह बजे।"

"क्या! तुम रात बारह बजे तक जागते रहे? मैं समझ गया हूँ कि रात दस बजे के बाद से तुम दो घंटे तक व्याकुल थे। और बारह बजे तुम वहाँ पहुँचे, जहाँ तुम रात दस बजे थे।"

रमेश अपने मित्र के इस आकलन से चौंक गया। "यह कहने का तुम्हारा क्या मतलब है? तुम यह कैसे कह सकते हो कि जहाँ मैं रात दस बजे था, वहाँ दोबारा रात बारह बजे मैं पहुँचा?"

दिनेश ने उसे विस्तार से समझाया, "देखो, रात दस बजे तक तुम्हारे भीतर सिगरेट की इच्छा जाग्रत नहीं हुई थी, यानी तुम सुकून से थे। फिर तुम्हारे भीतर सिगरेट की इच्छा जगी। उसने तुमको बेचैन कर दिया। अगले दो घंटे तक तुम चैन पाने के लिए संघर्ष करते रहे। और जब तुम संतुष्ट हो गए, तब तुम कहाँ पहुँचे? उसी जगह, जहाँ तुम दो घंटे पहले थे—सिगरेट की इच्छा से मुक्त। वहीं, मेरे भीतर ऐसी कोई इच्छा नहीं थी कि मैं चारमीनार के धुएँ उड़ाऊँ। मैं 10 बजे खुद ही सोने चला गया।"

हम इच्छाएँ करते हैं, क्योंकि हमें आनंद चाहिए। लेकिन वही इच्छाएँ हमारी तकलीफ की वजह बन जाती हैं और आनंद का लक्ष्य पहले की ही तरह दूर नजर आने लगता है।

आनंद इस कदर अस्पष्ट या संदिग्ध क्यों है? यह सवाल बहुत गहरा है। लेकिन इसका जवाब उतना ही सरल है! **हम आनंद को गलत जगह तलाशते हैं। अगर हम किसी चीज को वहाँ ढूँढ़ते हैं, जहाँ वह है ही नहीं तो उसे पाने की हमारी उम्मीद हमेशा शून्य ही रहेगी।**

सुप्रसिद्ध हास्य कवि काका हाथरसी एक बार अपने घर के बाहर लैंपपोस्ट के नीचे कुछ खोज रहे थे। उनको बेचैनी से खोजबीन करते हुए उनके पड़ोसी ने पूछा, "काका, क्या कुछ खो गया है, जो ढूँढ़ रहे हो?"

काका बोले, "मेरी चाबियाँ।"

पड़ोसी ने फिर सवाल किया, "कहाँ खो दिया आपने उन्हें?"

काका ने जवाब दिया, "शायद मैं उन्हें अपने कमरे में भूल आया!"

"लेकिन काका, अगर वे आपके कमरे में गिरी हैं तो आप उन्हें यहाँ क्यों तलाश रहे हैं?"

काका ने जवाब दिया, "क्योंकि मेरे कमरे में रोशनी नहीं है न!"

इस तरह काका मानवी स्वभाव पर कटाक्ष कर रहे थे। लैंपपोस्ट के नीचे चाबियों की उनकी तलाश की ही तरह हम भी अपने आनंद गलत जगह तलाशते हैं। हालाँकि, हम सभी दिव्य आत्माएँ हैं, फिर भी उम्मीद करते हैं कि भौतिक वस्तुओं से ही हमें सुकून मिलेगा। अपनी पाँच इंद्रियों के जरिए हम अपनी आत्मा को आनंद प्रदान करना चाहते हैं। हम उसके चरणों में चाहे जो भी आनंद अर्पित कर दें, अंदर से हमारी आत्मा फैसला सुनाती है, 'इससे मुझे संतुष्टि नहीं मिलती। मेरे अंदर अब भी वास्तविक आनंद की प्यास है। मुझे परम सुख दो।'

अगर भौतिक सुख हमें संतुष्ट नहीं कर सकता तो फिर हमें किस तरह का सुख चाहिए?

असली आनंद का स्वभाव

आइए, अब समझते हैं कि हमारी आत्मा को किस तरह का परम सुख चाहिए? उस सुख में तीन गुण होने चाहिए— *सत्-चित्-आनंद*। दिव्य सुख के ये तीन गुण हैं—

- *सत्,* यानी अनंत काल तक चलने वाला,
- *चित्,* यानी सदा चेतन रहने वाला, और
- *आनंद,* यानी अनंत मात्रा का हो।

सत्-चित्-आनंद ही परम सुख का वास्तविक स्वभाव है। आइए, हरेक को विस्तार से समझें—

1. हमारी आत्मा चाहती है कि परम सुख हमेशा के लिए कायम रहे।

वह आनंद, जो आता है और चला जाता है, वह हमें संतुष्ट नहीं कर सकता। कह सकते हैं, किसी ने कल पार्टी की और जमकर लुत्फ उठाया। लेकिन अगले दिन वह बीमार पड़ गया और घर पर रहकर ऊब गया। जैसा कि आप देख सकते हैं कि कल का आनंद आज गायब हो चुका थी। क्या ऐसा आनंद, जो एक दिन के लिए आए और फिर चला जाए, हमें हमेशा के लिए संतुष्ट कर सकता है? बिल्कुल नहीं! शराब पीने से 'जोश' में आए लोगों के साथ यही समस्या रहती है। एक तो यह स्थिति कम समय के लिए रहती है और उस पर अगली सुबह 'हैंगओवर' की समस्या सामने आ जाती है।

2. हमारी आत्मा को चाहिए ऐसा आनंद, जो हमेशा चेतन बना रहे। वह आनंद, जो अपनी चमक कुछ समय बाद खोने लगे, वह हमें संतुष्ट नहीं कर सकती। हम एक अच्छी कविता सुनते हैं और काफी देर तक उसके मायनों में डूबे रहते हैं। उसी कविता को दोबारा सुनें तो उससे मिलने वाला आनंद इस बार घटा हुआ मिलेगा। उसे दस बार सुनें और कुछ समय बाद वह सजा के तौर पर लगने लगेगी। क्या यह संभव है कि ऐसा आनंद हमें सदा के लिए संतुष्ट कर पाएगा?

3. हमारी आत्मा को ऐसा आनंद चाहिए, जो कभी समाप्त न हो। ऐसा आनंद, जो सीमित हो, हमें संतुष्ट नहीं करता। एक व्यक्ति सांसद बन गया और आनंद महसूस किया। लेकिन यह आनंद क्षणिक है और इसलिए कुछ ही समय बाद वह एक मंत्री से मिला और सोचने लगा, 'हे ईश्वर! वह तो एक कैबिनेट मंत्री है, जबकि मैं महज एक सांसद!' दूसरे शब्दों में, हमें चाहे जो भी आनंद मिल जाए, अगर हमने उससे एक दर्जा ऊपर की कोई चीज देख ली तो हम फिर से दु:खी हो जाते हैं। हमारी आत्मा सीमित सुख से संतुष्ट नहीं होती।

हम सब ऐसा आनंद चाहते हैं, जो स्थायी हो, सदा चैतन्य रहे और असीमित मात्रा की हो। चूँकि साधारण सांसारिक सुख इन मापदंडों पर खरे नहीं उतरते, इसलिए हम असंतुष्ट बने रहते हैं।

हम जिस असीमित परम सुख की तलाश में हैं, वह ईश्वर में निहित है। ईश्वर को ही वेदों में *सत्-चित्-आनंद* बताया गया है। वेदों में परम सत्ता के नामों को लेकर उल्लिखित हजारों कथनों में से चुनिंदा का मैं यहाँ जिक्र करने जा रहा हूँ—

सत्यं विज्ञानं आनन्दं ब्रह्म। (*बृहदारण्यक उपनिषद्,* 3.9.28)

सत्यं ज्ञानमनन्तं ब्रह्म। (*तैत्तिरीय उपनिषद्,* 2.1.2)

आनन्दमयोऽभ्यासत्। (*ब्रह्मसूत्र,* 1.1.12)

सत्य ज्ञानान्तानन्द मात्रैक रस मूर्तया:। (*श्रीमद्भागवतम्,* 10.13.54)

आनन्द मात्र कर पाद मुखोदरादी। (*पद्म पुराण*)

आनँद सिंधु मध्य तव वासा। (रामायण)

ईश्वर का परम सुख अनंत, सदा निर्मल एवं असीमित है और वह हमारे भीतर ही स्थित है। अत: **हमें आनंद तक पहुँचने के लिए कहीं भौतिक रूप से जाने की आवश्यकता नहीं है। हमें अपने भीतर उतरने की आवश्यकता है।**

अब जो सवाल उठता है, वह यह कि आनंद के उस स्रोत तक पहुँचने के लिए हम अपने भीतर कैसे उतरें? यह महत्त्वपूर्ण विषय है, इसलिए आगे इस पर चर्चा करते हैं।

सच्चे आनंद का तरीका

हमारे भीतर अनंत आनंद का भंडार है, फिर भी हम इसकी तलाश बाहरी वस्तुओं में करते हैं। यह अपने घर के बाहर स्थित फूलों के बगीचे को छोड़कर दूर देश में स्थित किसी स्वर्ग तक पहुँचने की दौड़ जैसा है। संत कबीर इसका मजाक उड़ाते हैं—

पानी बिच मीन पियासी, मोहि सुनि सुनि आवत हासी।

अर्थात् 'पानी में होकर भी मछली प्यासी है। कैसी विडंबना है! लेकिन मनुष्यों की भी तो बिल्कुल यही स्थिति है।' लोग अपनी समस्त ऊर्जा भविष्य के किसी ठिकाने पर मौजूद आनंद को पाने में खर्च कर देते हैं। इस बीच, बगैर आनंदित रहे जीवन बीत जाता है। हमारी स्थिति भी कुछ-कुछ कस्तूरी मृग के समान ही है।

कस्तूरी मृग बेहद जिज्ञासु स्वभाव का होता है। कस्तूरी का भंडार उसके भीतर स्थित होता है और उसकी सुगंध बहुत तेज होती है, जो आसपास के मील भर के दायरे में फैली होती है। मृग उस सुगंध की तलाश में इधर से उधर भटकता रहता है, जंगल में उछल-कूद करता है, ताकि उस बेहतरीन सुगंध तक पहुँच सके। उसे अंत तक यह महसूस नहीं होता कि सुगंध का स्रोत तो उसके भीतर ही निहित है।

आनंद का महासागर, यानी वह परम सत्ता, हमारे भीतर ही बैठी हुई है। अत: आनंदित रहने के लिए ईश्वर के करीब जाना होगा। तो अब क्या करना होगा? वेदों में लिखा है कि **हम जितने शुद्ध होते हैं, उतने ही ईश्वर के करीब होने की हमारी संभावना रहती है।**

इसका अर्थ है कि सच्चे आनंद का रास्ता एक बेहतर इंसान बनने से अग्रसर होता है। सीधा और सपाट उत्तर है यह। कभी-कभी हम सच्चाई को महज इसलिए छोड़ देते हैं, क्योंकि यह बेहद सरल होती है; जबकि हम इसमें जटिलताएँ तलाशने लगते हैं। अब मैं चौथे दिव्य विधान की ओर बढ़ता हूँ—

आनंद का विधान

एक बेहतर इंसान बनने से हमारे भीतर
सच्चा सुख स्वतः पनपता है।

सहज ज्ञान से आप इस विधान के बारे में पहले से जानते रहे हैं। क्या ऐसा नहीं है? समस्या बस, इतनी है कि किसी ने आपको इतने स्पष्ट तरीके से इसके बारे में नहीं बताया। आज, मैं केवल इसकी पुष्टि कर रहा हूँ कि आपकी अंतरात्मा सदा से यह जानती रही है कि आनंदित होने का तरीका यह नहीं है कि तमाम संपत्तियाँ जुटा लें; बल्कि एक बेहतर इंसान बनकर ही ऐसा किया जा सकता है।

दुर्भाग्य से, सारी उम्र हम अपने ऊपर काम करने की बजाय सैकड़ों कामों को प्राथमिकता देते हैं। इसके बारे में सोचें। साल में कितना समय हम आत्म-सुधार के लिए निर्धारित करते हैं?

हमारा ध्यान केवल करते जाने, करते जाने पर होता है और इस प्रक्रिया में हम होने, होने, होने पर ध्यान नहीं देते। **सफलता का क्रम है कि 'करने' से पहले 'होना' आवश्यक है। वास्तव में, कुछ ढंग का करने के लिए हमें वाकई अच्छा बनना होगा।**

वर्तमान में, हमारा यह क्रम उलट चुका है। हम बड़े कामों की सफलता पर ध्यान लगाते हैं। लेकिन उसके लिए जिस नींव की आवश्यकता होती है, यानी खुद को बेहतर इंसान बनाना, उसकी हम उपेक्षा कर देते हैं। इसकी बजाय हमें अपने भीतर विकसित होने पर ध्यान केंद्रित करना चाहिए, तब हम बाहरी कामों में और भी ज्यादा सफल हो सकेंगे।

आइए, इसे और गहराई से समझते हैं।

जीवन में सफलता के लिए अपने अंदर विकास करें

हर साल अमेरिका के दौरे के एक हिस्से के तौर पर मैं हफ्ते भर का 'जीवन परिवर्तन कार्यक्रम' या एल.टी.पी. भी रखता हूँ। यह कार्यक्रम बीस अलग-अलग शहरों में चलता है, जिसमें कोलोराडो का डेनवर शहर भी शामिल है। आसपास के चट्टानी पहाड़ अद्भुत तौर पर खूबसूरत नजर आते हैं और हम एक सुबह वहाँ की किसी मनोहारी चोटी पर जरूर बिताते हैं।

ऐसे ही एक अवसर पर हम पाइक्स चोटी पर पहुँचे हुए थे, जो कि

दक्षिणी फ्रंट रेंज की 14,000 फीट पर स्थित सर्वोच्च चोटी है। वहाँ से लौटते समय, जबकि हम अभी पहाड़ी हिस्से में ही थे, हम एक अंतराल के लिए एक जगह पर रुके और आसपास का इलाका छानने का इरादा कर निकल पड़े।

मैं एक छोटी पहाड़ी तक पहुँचा और जहाँ तक देख सकता था, दूर-दूर तक चट्टानें एवं सूखे कीचड़ का आवरण नजर आ रहा था। तभी अचानक मेरी नजर वहाँ खिल रहे एक खूबसूरत फूल पर पड़ी, जिसके आसपास और कुछ भी नहीं था। उस बंजर और शुष्क माहौल में वह फूल अपनी पूरी भव्यता के साथ खिला हुआ था। उसे देखकर ऐसा लग रहा था, मानो उसने जमीन के बंजरपन को अपनी रंग-बिरंगी और खूबसूरत मौजूदगी से चुनौती दे डाली हो।

वह फूल वहाँ खिल गया, जहाँ उसके बीज गिरे होंगे। मैं उसे लेकर चिंतन करने लगा, 'हम जीवन में जहाँ कहीं भी हों, वहाँ ऐसे क्यों फल-फूल नहीं सकते?' लोग अपनी नौकरियाँ, कारें, घर, दोस्त और यहाँ तक कि जीवन साथियों को भी बदल डालते हैं। लेकिन वे कभी खुद को बदलने की नहीं सोचते।

यहीं हमारे नजरिए और ईश्वर के दृष्टिकोण में अंतर नजर आता है। **हम अपना माहौल बदलने के प्रति ज्यादा दिलचस्पी रखते हैं, जबकि ईश्वर की दिलचस्पी हमें बदलने में रहती है**। दरअसल, हमें कठिन हालात इसी उद्‍देश्य से मिलते हैं कि हम पनप सकें। जैसे एक बढ़ई बालू कागज का इस्तेमाल करके खुरदुरे किनारों को घिसकर सपाट बना डालता है, उसी प्रकार ब्रह्मांड हमें कठिनाइयों में डालता है, जो हमें विकास करने को मजबूर करती हैं।

उस शुष्क पहाड़ी इलाके में फूल के सामने भी अपनी चुनौतियाँ थीं। वहाँ पानी की कमी, जंगली जानवर, सूखी हवाएँ और बेतहाशा ठंड जैसी परिस्थितियाँ थीं। और फिर भी उसने खिलने में सफलता पाई। मनुष्य ऐसा क्यों नहीं कर सकता? लोग अपने जीवन में बाहरी कारणों पर झल्लाते और नाराज होते हैं; जैसे कि उनकी शादी, उनके काम का माहौल, उनका पड़ोसी

आदि। इस प्रक्रिया में, वे जीवन का उद्देश्य भूल जाते हैं, यानी एक बेहतर इंसान बनना। जब हम इस बुनियादी पहलू का खयाल रख लेते हैं तो बाहरी सफलता स्वाभाविक तौर पर हासिल होती है।

ब्लेज पास्कल एक प्रसिद्ध फ्रांसीसी गणितज्ञ, भौतिकविद् और दार्शनिक थे। किसी ने उनसे कहा, "अगर मेरे पास आप जैसा दिमाग होता तो मैं एक बेहतर इंसान होता!" पास्कल ने उत्तर दिया, "बेहतर इंसान बन जाओ और तुम्हारे पास भी मेरे जैसा ही दिमाग हो जाएगा।"

हमें निश्चित रूप से अपने रोजगार में कठिन मेहनत करनी चाहिए, लेकिन हमें अपने ऊपर भी कठिन मेहनत करनी चाहिए। हमेशा याद रखें कि हमारी आंतरिक प्रगति हमारी बाहरी सफलता की बुनियाद है।

आपने निश्चित ही बोनसाई के बारे में सुना होगा। यह छोटे-छोटे गमलों में पौधों की खेती करने की एक जापानी कला होती है। मैं ऐसा करने की सलाह किसी को नहीं देता; क्योंकि बड़े-बड़े पेड़ों को बौने रूप में देखना कष्ट पहुँचाता है। लेकिन मुद्दे की बात यह है कि विशालकाय ओक पेड़ को जब गमले में उगाया जाता है तो वह छोटे रूप में ही अटककर कैसे रह जाता है? इसकी वजह यह होती है कि उसकी जड़ों को फैलने की जगह नहीं मिलती। चूँकि वे बेहद छोटे ही बनाए रखे गए, लिहाजा पेड़ अपनी क्षमता का एक अंश भी उभर नहीं सका।

इसी तरह, हम जीवन में जो कुछ भी करते हैं, वह इस आधार पर तय होता है कि हम भीतर से कितने अच्छे हैं! यदि हम और अधिक करने की इच्छा रखते हैं तो हमें आत्म-सुधार को प्राथमिकता देनी चाहिए। तब जैसे-जैसे हम बेहतर होते जाते हैं, स्वाभाविक तौर पर अपना सर्वश्रेष्ठ करने के लिए प्रेरित भी होंगे। और जब हम अपना शानदार काम करने का प्रयास करेंगे तो हम पाएँगे कि उस स्थिति में हमें अपने भीतर और सुधार करने की जरूरत महसूस होगी। इस प्रकार, पूरी आपसी समझ के साथ, 'होना' (being) और 'करना' (doing)' एक-दूसरे को आगे बढ़ाते हैं।

लोग मुझसे पूछते हैं कि क्या अपने काम को लेकर हमें महत्त्वाकांक्षी होना चाहिए? मैं उत्तर देता हूँ कि उन्हें निश्चित रूप से अपने काम के प्रति महत्त्वाकांक्षी होना चाहिए; लेकिन यह अर्थपूर्ण और उद्देश्यपूर्ण तरीके से ही उचित है, क्योंकि इस प्रक्रिया में वे महसूस करेंगे कि उन्हें भीतर से भी विकास करना चाहिए। तब 'अच्छा होकर' (being good) और 'अच्छा करके (doing good)', वे 'अच्छा महसूस (feel good)' करेंगे, यानी वे अंदरूनी संतुष्टि महसूस करेंगे। यह वह आनंद है, जो किसी के महसूस करने के दायरे से परे होती है। यह अंदर से उभरती है और किसी व्यक्ति या वस्तु के द्वारा छीनी नहीं जा सकती; क्योंकि यह बाहरी वस्तुओं एवं परिस्थितियों पर निर्भर ही नहीं होती।

आनंद पर हमारी चर्चा को समाप्त करने के लिए दिव्य आनंद का तरीका है कि हम सबसे अच्छा बनने और सबसे अच्छा करने का प्रयास करें। परिणामस्वरूप हम उस आनंद का अनुभव करेंगे, जो हमारी आत्मा चाह रही है।

इससे अगला प्रश्न सामने आता है—हम बेहतर इंसान कैसे बन सकते हैं? इस पर हम अगले अध्याय में चर्चा करेंगे।

मुख्य बिंदु

- अंततः हम सभी आनंद चाहते हैं और अगर किसी अन्य चीज की हमें चाह होती है तो वह इसलिए, क्योंकि हमारा मानना है कि उससे हमें आनंद हासिल होगा।
- भौतिक आनंद के विभिन्न स्तर देखने में अपने पिछले स्तर से ज्यादा ऊँचे नजर आते हैं। लेकिन जब हम अगले स्तर पर पहुँचते हैं तो जल्दी ही वहाँ से असंतुष्ट हो जाते हैं और उससे अगले स्तर पर पहुँचने की इच्छा करने लगते हैं।
- हम गलत जगह पर आनंद तलाशते हैं। सच्चा आनंद अपने भीतर से पैदा होता है, जो कि एक बेहतर इंसान बनकर हासिल होता है।

- आनंद तक पहुँचने के लिए हमें भौतिक तौर पर कहीं जाने की जरूरत नहीं होती। हमें केवल अपने भीतर देखने की जरूरत होती है।
- हम अपने माहौल को बदलने में ज्यादा दिलचस्पी रखते हैं, जबकि ईश्वर की इच्छा हमें बदलने की होती है।
- सफलता हासिल करने के लिए 'होने' (being) का क्रम 'करने (doing) से पहले रहना चाहिए। हमें पहले वास्तव में अच्छा इंसान होना चाहिए, इससे पहले कि हम कुछ उल्लेखनीय कर सकें।

□

5

उदात्तीकरण (Sublimation) का विधान

आत्म-सुधार का क्या अर्थ है? शानदार स्टाइलिश कपड़े पहन लेने और भारी-भरकम मेकअप कर लेने से हम बेहतर हो जाते हैं? या पॉश कॉलोनियों में रहने और लग्जरी कारों में सफर करने को हम सुधार मानते हैं? या समाज में हमारी हैसियत और लोकप्रियता का दिखावा हमारी आंतरिक प्रगति कहलाता है?

सच्चाई तो यह है कि इनमें से कोई भी हमारी बेहतरी का पैमाना नहीं है। तब क्या है? हमारे मन की स्थिति से हमारी गिरावट और बेहतरी का निर्धारण किया जाता है। यदि मन सांसारिक विचारों से भरा है तो बाहरी श्रृंगार के बावजूद हम सांसारिक स्तर पर हैं। और अगर मन उदार भावनाओं को सहेजता है तो हम ऊँचे हो जाते हैं, फिर चाहे हमारे परिधान और आर्थिक व सामाजिक स्थिति कितनी भी खराब क्यों न हो।

जहाँ हमारा मन, वहाँ हम

टीमवर्क में कहा जाता है, 'आप उतने ही मजबूत हैं, जितनी कि आपकी सबसे कमजोर कड़ी'। हमारी कमजोर कड़ी है हमारा अजेय मन। जब तक हम इसे नियंत्रित और शुद्ध नहीं करते हैं, तब तक हमारी चेतना का स्तर हमारे मन की गुणवत्ता से जुड़ा रहेगा।

वैदिक ग्रंथों से हमने सीखा है कि बंधन की वजह मन ही है—

चेतः खलवस्य बन्धाय मुक्तये चात्मनो मतम्।
गुणेषु सक्तं बन्धाय रतं वा पुंसि मुक्तये॥

(श्रीमद्भागवतम्, 3.25.15)

'बंधन और मोक्ष हमारे मन की स्थिति से निर्धारित होते हैं। अगर मन तीन गुणों से जुड़ा हुआ है तो वहाँ जुड़ाव है और अगर यह परम सत्ता में लीन है, डूबा हुआ है तो यह मुक्ति का द्योतक है।'

आध्यात्मिक दृष्टिकोण से हमारी बाह्य स्थिति नहीं, बल्कि हमारी मानसिक स्थिति है, जो हमारे अंतिम गंतव्य को निर्धारित करती है। पुराणों में इस संबंध में एक कथा भी है।

तावृत और सुवृत दो भाई थे। वे अपने घर से पास के एक मंदिर में भागवत कथा सुनने के लिए निकले, जो करीब एक घंटे की दूरी पर था।

वे अभी रास्ते में ही थे कि जोरों की बारिश व आँधी आ गई। खुद को तेज बारिश से बचाने के लिए वे पास की एक इमारत में घुस गए। अंदर पहुँचते ही वे यह देखकर चौंक गए कि वे अनजाने में एक वेश्यालय में प्रवेश कर गए हैं। वहाँ महिलाएँ तेज संगीत पर नृत्य कर रही थीं, जबकि पास बैठे पुरुष मदिरापान करते हुए अपनी नैतिकता गँवा रहे थे।

तावृत का मन घृणा से भर उठा। उसने कहा, "कितना दुःखद है! मैं इस जगह एक पल भी नहीं ठहर सकता। आओ सुवृत, इसी पल यहाँ से निकल चलें।"

इसके उलट, सुवृत इसके प्रति उदासीन था। उसने कहा, "प्रिय भाई, अगर हम बाहर जाएँगे तो भीग जाएँगे। बारिश रुकने तक हमें यहाँ ठहरना चाहिए। हमें दूसरे तरीके से भी देखना चाहिए। हमें नृत्य की ओर नहीं देखना चाहिए।"

तावृत दुःखी होकर बोला, "क्या? तुम्हारा मन पहले से ही प्रदूषित है! यही कारण है कि तुम बहाने बना रहे हो और पाप की इस इमारत में रुकना चाहते हो।" वह पैर पटकते हुए बाहर निकल आया और बारिश की परवाह न करते

हुए मंदिर पहुँच गया, जहाँ पंडितजी भागवत कथा सुना रहे थे।

वहाँ श्रोताओं के बीच बैठकर तावृत दुःखी होने लगा और मन-ही-मन कहने लगा, 'यह कितना उबाऊ है! मैंने बड़ी गलती कर दी। सुवृत निश्चित रूप से मुजरे का लुत्फ उठा रहा होगा। मुझे भी वहीं रुक जाना चाहिए था।'

इसके विपरीत उस बदनाम भवन में बारिश रुकने का इंतजार करते हुए सुवृत दुःखी होने लगा, 'कितनी बड़ी गलती कर दी मैंने यहाँ रुककर! मेरा शरीर नमक का तो बना नहीं है कि बारिश में घुल जाता! तावृत को देखो, वह कितना शुद्ध है! वह 'भागवतम्' के पवित्र खंडों को सुन रहा होगा।'

जब बारिश रुकी तो दोनों भाई अपनी-अपनी जगह से बाहर निकले और एक-दूसरे की दिशा में बढ़ने लगे। जिस पल वे मिले, अचानक बिजली कड़की और दोनों की मौके पर ही मौत हो गई।

नरक के दूत, यानी यमदूत, तावृत के पास पहुँचे। वह चीख उठा, "मुझको लेकर तुम्हें गलतफहमी हुई है। तुमको सुवृत को ले जाना चाहिए। वह मुजरा देखने के लिए रुक गया था, जबकि मैं भागवत कथा में शामिल होने निकल गया था।"

यमदूतों ने उत्तर दिया, "हमें सही नाम मिले हैं। हमें कहा गया है कि तुमको ही लेकर लौटें, तावृत। तुम भले ही शरीर से मंदिर में मौजूद थे, लेकिन तुम्हारा मन वेश्यालय में ही रमा हुआ था। वहीं दूसरी ओर, तुम्हारा भाई सुवृत शारीरिक तौर पर भले ही उस पाप के घर में रहा हो, लेकिन मन से वह मंदिर में ही था।"

हिंदी में एक कहावत है— *जहाँ मन, वहाँ हम।* सच ही कहा गया है, हम वहाँ होते हैं, जहाँ हमारा मन होता है। अंग्रेजी के कवि जॉन मिल्टन ने अपनी ऐतिहासिक रचना 'पैराडाइज लॉस्ट' में इसी विचार को व्यक्त किया है—'मन की अपनी खुद की जगह होती है और यह अपने आप में नरक से स्वर्ग और स्वर्ग से नरक बना सकता है।'

अतः आत्म-सुधार के लिए जरूरी है कि हम अपने मन और उसमें उमड़ने वाले विचारों को उन्नत करने पर काम करें। आइए, आगे समझें

कि क्या चीजें हमारे मन को नीचे खींचती हैं और कैसे इसे समृद्ध बनाया जा सकता है।

निरर्थक विचारों का गठजोड़

मन की तुलना सूक्ष्म यंत्र से की जा सकती है। इसका एक मुख्य कार्य विचारों को उत्पन्न करना है। ये विचार बदले में आनंद और संकट की भावनाएँ पैदा करते हैं। अशुद्ध और व्यर्थ के विचार हमें दु:खी करते हैं, जबकि महान और प्रेमपूर्ण विचार हमें आनंदित करते हैं।

किसी विचार से जो भावना उत्पन्न होती है, उससे आप सचमुच समझ सकते हैं कि कोई विचार पवित्र है या अपवित्र। चूँकि हम सभी आनंदित रहना चाहते हैं और हमारा आंतरिक तंत्र अशुद्ध विचारों से असहज रहता है, अत: हम उनसे छुटकारा पाना चाहते हैं। 'श्रीमद्भगवद्गीता' ने तीन सबसे हानिकारक विचारों की पहचान बताई है और उन्हें नीच क्षेत्र को जाने वाले मार्ग के रूप में संदर्भित किया है—

त्रिविधं नरकस्येदं द्वारं नाशनमात्मन:।
काम: क्रोधस्तथा लोभस्तस्मादेतत्त्रयं त्यजेत्॥

(भगवद्गीता, 16.21)

'काम, क्रोध और लोभ—ये तीन प्रकार के नरक के दरवाजे जीवात्मा का पतन करने वाले हैं। इसलिए इन तीनों का त्याग कर देना चाहिए।'

इन तीनों में कामना मुख्य दोषी है। इससे हम उस वस्तु को पाने के लिए चिंतन-मनन करने लगते हैं, जिससे उसके प्रति हमारी आसक्ति बढ़ने लगती है। अधिक आसक्ति से और अधिक कामना पैदा होती है। और इसका अर्थ है—आगे का चिंतन, जिसका अर्थ है—और भी आगे की कामना। इस प्रकार कामना और आसक्ति की परतें हमारे मन को ढकती जाती हैं।

जब हम अपनी इच्छा पूरी करना चाहते हैं, तब क्या होता है? नतीजे में लालच और ज्यादा बढ़ जाता है। इसके उलट, तब क्या होता है, जब इच्छा पूरी

होने में अड़चन आ जाती है? यह क्रोध को जन्म देता है।

यही वह खतरनाक गठजोड़ है—चिंतन, जुड़ाव, इच्छा, आक्रोश, लालच—जो हमारे मन को प्रदूषित और मैला कर देता है। अपवित्रता से हमारे भीतर असहजता पैदा होने लगती है। आंतरिक अप्रियता से पार पाने के लिए हमें अपने भीतर सुधार का प्रयास करना चाहिए। इस क्रम में हमारे अपने व्यक्तित्व के भीतर संघर्ष छिड़ जाता है।

अब हमारे भीतर दो स्वभाव काम पर जुट जाते हैं। एक हमारा निचला स्वभाव है, जिसमें हानिकारक आसक्ति और अपवित्र इच्छाएँ भरी होती हैं। लेकिन हमारे भीतर हमारा उच्च स्वभाव भी है, जो हमारे निचले स्तर के आवेग को नापसंद करता है। यही वजह है कि हमें अपनी अपवित्र इच्छाओं और मर्यादाहीन जुड़ावों को त्यागने के क्रम में अपनी दुर्बलताओं से निजात पाने के लिए संघर्ष करना पड़ता है।

यहाँ एकमात्र समस्या है कि दबाने का उलटा प्रभाव भी होता है।

विडंबना प्रक्रिया विधान

अब तक हम समझ चुके हैं कि अशुद्ध विचारों, जैसे कि—इच्छा, लालच, क्रोध और आसक्ति को दूर करने की जरूरत क्यों है। दिक्कत तब पैदा होती है, जब हमारे प्रयास उलटे नतीजे देने लगते हैं।

मनोविज्ञान के क्षेत्र में 'सफेद भालू' वाला प्रयोग काफी चर्चित है। यह प्रयोग सन् 1987 में हार्वर्ड यूनिवर्सिटी में सामाजिक मनोविज्ञान के प्रो. डैनियल वेग्नर ने सबसे पहले प्रयोगशाला में किया था। लोगों के एक समूह को कहा गया था, 'अपने मन को अगले चौबीस घंटे तक इस बात से मना करें कि वह सफेद भालू के बारे में न सोचे।' दूसरे समूह को कहा गया, 'नोट करें कि चौबीस घंटे में आप कितनी बार सफेद भालू के बारे में सोचते हैं।'

सफेद भालू के बारे में सोचे जाने की संख्या पर नजर रखने के लिए दोनों समूहों को काउंटर दिए गए थे। नतीजे चौंकाने वाले थे। जिस समूह को

सफेद भालू के बारे में न सोचने के लिए कहा गया था, उसने ही उसके बारे में ज्यादा सोचा।

विडंबना है कि निर्देशों के बावजूद नतीजे उलटे आए।

इससे वेग्नर को **'विडंबना प्रक्रिया विधान' की अवधारणा विकसित करने में मदद मिली। जो देश अवांछित विचारों को दबाना चाहते हैं, वे सफल नहीं होते; बल्कि इसके उलट, ये अधिकाधिक बार आत्मघाती साबित होते हैं।**

निम्नलिखित उदाहरणों पर गौर करें—

- अगली सुबह आपको एक बहुत खास काम होता है। अतः आप यह सोचकर जल्दी सोने चले जाते हैं कि एक अच्छी नींद ले सकें और अगले दिन तरोताजा रह सकें। लेकिन होता इसके उलट है। आप पाते हैं कि आपको नींद ही नहीं आ रही है या देर तक जगे हुए हैं।
- एक परहेजी व्यक्ति खुद को चुनिंदा व्यंजनों से दूर रखता है; लेकिन वह पाता है कि जिन व्यंजनों को उसने छोड़ रखा है, अकसर उनके ही विचार मन में बार-बार उठते हैं।
- एक अभ्यर्थी नौकरी के लिए इंटरव्यू देने जाती है। वह इंटरव्यू लेने वालों पर अपनी अच्छी छाप छोड़ने के लिए व्याकुल रहती है। लेकिन इंटरव्यू के दौरान वह पाती है कि उन तमाम चीजों को भी वह बोल दे रही है, जिनका जिक्र न करने के लिए उसने पहले से तैयारी कर रखी थी।
- आप मेहमानों के लिए चाय से भरे कप ले जा रहे होते हैं। उस वक्त आपके मन में केवल यही चल रहा होता है—चाय छलकनी नहीं चाहिए। लेकिन विडंबना ही है कि आप जिन गलतियों को न करने को लेकर चिंतित थे, वही गलतियाँ करते जाते हैं।

इन सभी मामलों में हम पाते हैं कि अपने इरादों के विपरीत नतीजे हमें मिलते हैं।

वेग्नर ने इसकी वजह भी बताई है। उन्होंने कहा कि जब हम किसी चीज

के बारे में न सोचने की बात तय करते हैं तो हमारा दिमाग दो हिस्सों में बँट जाता है—ऑपरेटर और मॉनिटर। ऑपरेटर निर्देश देता है, 'इसके बारे में मत सोचो। इसके बारे में मत सोचो।' दूसरा हिस्सा, जो कि मॉनिटर है, इसकी पड़ताल करता रहता है, 'क्या मैं इसके बारे में सोच रहा हूँ? क्या मैं इसके बारे में सोच रहा हूँ?'

मॉनिटर हमारी सचेत जागरूकता से केवल एक शेड दूर काम करता है। यह लगातार उसी विचार पर काम करता रहता है, जिसे हम नहीं चाहते थे। समस्या तब और बढ़ जाती है, यदि ऑपरेटर थका हुआ है और मॉनिटर ऊर्जा से भरा हुआ और सक्रिय हो। तब मॉनिटर हावी होने लगता है और हमने जिस विचार की इच्छा की थी कि वह दूर रहे, वही हमारे दिमाग पर बार-बार संकेत देने लगता है।

विडंबना प्रक्रिया विधान से जुड़ा एक मनोरंजक उदाहरण और भी है।

कुछ लोग मानते हैं कि साल में किसी एक रात चाँद को देखना पवित्र नहीं होता है। हिंदू कैलेंडर के अनुसार, भाद्रपद महीने में शुक्ल पक्ष की यह चौथी रात है। अब इस विश्वास का प्रभाव देखिए।

आमतौर पर किसी भी रात को लोग चाँद की तरफ नहीं देखते, अगर वह उनके सामने नहीं होता। किंतु अगर आप घर से यह सोचते हुए निकलें, 'आज भाद्रपद माह के शुक्ल पक्ष की चतुर्थी है। मुझे निश्चित ही चाँद की तरफ नहीं देखना चाहिए। मैं चाँद की तरफ नहीं देखूँगा''।' तो इसका नतीजा यह होता है कि आँख के किसी कोने से आप चाँद देख ही लेते हैं, क्योंकि वह विचार आपके अवचेतन में निरंतर चल रहा होता है।

दबाव का उलटा नतीजा हमारे मन के प्रबंधन के प्रयास में बड़ी चुनौती पैदा करता है।

मन को शांत करने में समस्या

हमारे भीतर लालच, इच्छा, गुस्सा, घृणा और कड़वाहट से जुड़े नुकसानदेह

विचार होते हैं। हम स्वाभाविक तौर पर उनसे छुटकारा पाना चाहते हैं। वैदिक संदर्भ में इन्हें *मानस रोग* कहते हैं। विडंबना प्रभाव वाली चीज उन पर भी लागू होती है।

मान लें कि आपके किसी रिश्तेदार ने आपको भावनात्मक रूप से चोट पहुँचाई और आप उसके प्रति अपने मन से कड़वाहट को दूर करना चाहते हैं तो आप खुद से कहेंगे, 'मैं उससे नाराज नहीं होना चाहता।' किससे? 'अपने रिश्तेदार से।' अब हर बार जब भी आप छोड़ने की सोचेंगे तो आपकी कड़वाहट की वजह बार-बार आपके मन में उभरने लगेगी। इससे केवल नाराजगी वाले विचार बढ़ेंगे।

इसी प्रकार, मान लें कि आपने एक आध्यात्मिक व्याखान में सीखा कि आसक्ति हानिकारक होती है। अतः आप प्रण करेंगे, 'मैं आसक्ति खत्म कर दूँगा।' मैं किससे जुड़ा हुआ हूँ? 'अपने बेटे से।' अब हर बार आप लगाव त्यागने के बारे में सोचने लगेंगे। आप पाएँगे कि आपके लगाव की चीज बार-बार आपके मन में आ रही है। इससे केवल यह होगा कि आपका जुड़ाव आगे और गहरा होता जाएगा।

मन का स्वभाव है—सोचते रहना। अगर आप अपने मन को विचारहीन करने की कोशिश करेंगे तो आपको महसूस होगा कि यह बेहद कठिन है। नीचे दी गई कहानी इस संबंध में सटीक बैठती है—

मिलारेपा एक बौद्ध संत थे, जो पंद्रहवीं सदी में तिब्बत में रहते थे। बौद्ध धर्म की वज्रयान परंपरा के वे बहुत प्रसिद्ध योगी और सिद्ध पुरुष थे। वे पहाड़ी पर एक गुफा में रहते थे, जो कि पेलग्येलिंग गोंपा गाँव के पास स्थित थी।

एक बार एक अफवाह फैली कि मिलारेपा के पास एक सिद्ध मंत्र है। एक ग्रामीण उनके पास पहुँचा और बोला, "हे ऋषिवर! कृपया अपना सिद्ध मंत्र मुझे दे दें, ताकि मैं भी कुछ चामत्कारिक क्षमता विकसित कर लूँ।"

मिलारेपा ने उत्तर दिया, "उस मंत्र का नाम है ओम्। अगर तुम एक शर्त पूरी करो तो इससे तुमको सिद्धि मिल सकती है। अपने दिमाग में कभी बंदरों को न लाना, अन्यथा तुम्हारा सारा मंत्र-जाप व्यर्थ हो जाएगा।"

वह गाँववाला आनंदमय लौट आया कि उसे भी सिद्ध मंत्र हासिल हो गया। अब उसने जाप शुरू किया, "ओम्, ओम्, ओम्¨।" और खुद को लगातार याद भी दिलाता रहा, 'मुझे बंदरों के बारे में नहीं सोचना है।' लेकिन वह जितना ही उन्हें याद न करने की कोशिश करता, उतना ही बंदरों से संबंधित विचार उसके मन में उमड़ने लगते।

अंततः वह मिलारेपा के पास लौटा और बोला, "हे महात्मा! कृपया अपना सिद्ध मंत्र वापस ले लें। इसे मुझे अगले जन्म में दीजिएगा। किंतु कृपया मुझे यह मत बताइएगा कि मैं बंदरों के बारे में न सोचूँ, अन्यथा मैं उनके बारे में ही सोचता रहूँगा।"

इस कहानी से यह प्रकट होता है कि **आध्यात्मिक अभ्यास के दौरान मन को सोचने से रोकना अत्यंत कठिन है।** इसका बेहतर विकल्प भी मौजूद है।

अपने मन को ईश्वर की ओर करें

भक्ति मार्ग कहता है कि सोचने की प्रक्रिया को रोकना नहीं चाहिए, बल्कि उसे ईश्वर की ओर मोड़ देना चाहिए। इसकी तुलना साइकिल चलाने से करते हैं। यदि आप ब्रेक लगाएँगे तो संतुलन साधना असंभव हो जाएगा। आप या तो बाएँ या दाएँ गिर जाएँगे। इसकी बजाय अगर आप हैंडल को मोड़ दें तो आगे बढ़ने वाली प्रक्रिया आसानी से रुक जाएगी।

भक्ति में हम अपना मन ईश्वर की तरफ कर लेते हैं। नतीजतन हानिकारक भौतिक इच्छाओं और जुड़ाव का स्थान ईश्वर का दिव्य प्रेम ले लेता है। चूँकि सर्वोच्च सत्ता का व्यक्तित्व सर्वशुद्ध है, अतः धीरे-धीरे मन भी शुद्ध होता जाता है और उदात्त गुण विकसित होने लगते हैं। यही श्रीमद्‌भगवद्‌गीता का संदेश है—

मां च योऽव्यभिचारेण भक्तियोगेन सेवते।
स गुणान्समतीत्यैतान् ब्रह्मभूयाय कल्पते॥ (14.26)

'जो मनुष्य हर परिस्थिति में, बिना विचलित हुए, अनन्य भाव से मेरी भक्ति में स्थिर रहता है, वह भक्त प्रकृति के तीनों गुणों को अतिशीघ्र पार करके ब्रह्म पद पर स्थित हो जाता है।'

अतः भक्ति के उत्कृष्ट मार्ग के माध्यम से हम अपनी मानसिक अवस्था को आसानी से उच्चीकृत कर सकते हैं। इसके माध्यम से हम पाँचवें दिव्य विधान पर आते हैं—

उदात्तीकरण का विधान

मन और उसके विचारों को शुद्ध करने की सर्वश्रेष्ठ विधि है कि इसे भक्ति के माध्यम से परमात्मा की ओर उन्मुख किया जाए।

परमात्मा से जुड़ाव मन को खराब नहीं करता, बल्कि इसके उलट मन को शुद्ध कर देता है। ईश्वर परम शुद्ध है, इसलिए जब मन उससे जुड़ता है तो वह भी साफ हो जाता है। दरअसल, संत एवं वेद एक कदम आगे जाते हैं और बताते हैं कि मन की वास्तविक सफाई तभी हो सकती है, जब हम अपने मन को ईश्वर की प्रेमपूर्ण भक्ति में डुबो दें।

रामचरितमानस में कहा गया है—

प्रेम भगति जल बिनु रघुराई। अभि अंतर मल कबहुँ न जाई॥

'जब तक हम अपने मन को प्रभु श्रीराम के प्रेम रूपी जल में डुबो नहीं लेते, तब तक हमारी गंदगी जाने वाली नहीं है।'

और जगद्गुरु शंकराचार्य लिखते हैं—

शुद्धयति हि नान्तरात्मा कृष्णपदाम्भोज भक्तिमृते
वसनमिव क्षारोदैरभक्त्या प्रक्षालयेत चेतः।

(*प्रबोध सुधाकर* 167)

'जैसे कपड़ों को बगैर साबुन और पानी के साफ कर पाना संभव नहीं है, उसी प्रकार प्रभु श्रीकृष्ण के कमल रूपी चरणों की भक्ति के बगैर हमारा मन और बुद्धि साफ नहीं हो सकती।'

भक्ति में मन की सभी दुर्बलताएँ परिष्कृत और शुद्ध हो जाती हैं। अतः मैं आपको कुछ उदाहरण देता हूँ कि कैसे इच्छा, लालच, क्रोध और गर्व को भक्ति में बदला जा सकता है।

इच्छा कुछ ऐसी हो जाती है—

- 'मैं अपना हृदय साफ करने का इच्छुक हूँ।'
- 'मैं ईश्वर को अपने हर काम से आनंदित करना चाहता हूँ।'
- 'मैं दिव्य के दर्शन को लालायित हूँ।'

लालच यूँ बदल जाता है—

- 'मैं अपने प्रभु की और सेवा करना चाहता हूँ।'
- 'मैं अपने भीतर और भी ज्यादा निर्लिप्तता विकसित करना चाहता हूँ।'
- 'मैं अपने प्रभु को बेहतर समझने के लिए अपने ज्ञान को बढ़ाने के लिए लालायित हूँ।'

आक्रोश ऐसे परिवर्तित हो जाता है—

- 'मैं अपने मूर्ख मन से तंग आ चुका हूँ, जो परम प्रिय के कमल रूपी चरणों में रहने से मना करता है। मुझे इस पर और मेहनत करनी है।'
- 'मैं अपनी सांसारिक आसक्तियों को दूर क्यों नहीं हो पा रहा हूँ? मुझे आत्म-सुधार की दिशा में कठिन परिश्रम करना चाहिए।'

घमंड ऐसे टूट जाता है—

- 'मेरे प्रिय प्रभु इतने शानदार हैं। मुझे उन पर गर्व है।'
- 'मैं सर्वाधिक सौभाग्यशाली हूँ कि मुझे उनके प्रति भक्ति प्रदर्शित करने का अवसर मिला है।'

प्रेमपूर्ण भक्ति में ऊपर व्यक्त किए गए विचारों और भावनाओं को ध्यान से देखें। वे परमात्मा की सेवा, त्याग और भक्ति के लिए तड़प व्यक्त करते हैं।

कौन कह सकता है कि इच्छा, लालच, क्रोध और आसक्ति बुरी है? उदात्त और भक्ति भावनाओं के ये सरल उदाहरण हैं।

इसलिए, **अपने मन को ईश्वर पर केंद्रित करके हम सबसे भव्य और नेक विचारों को विकसित कर सकते हैं, जिसमें हम मनुष्य सक्षम हैं।** वे भावनाएँ, जो पहले हमारी सबसे बुरी शत्रु थीं, वे अब हमारी सबसे अच्छी मित्र बन गई हैं और हम अपने सर्वश्रेष्ठ 'स्व' की चेतना के रास्ते पर अग्रसर हैं।

नारद भक्ति दर्शन भी हमें कुछ ऐसा ही करने की सीख देती है—

> *तदर्पिताखिलाचारः सन कामक्रोधाभिमानादिकं*
> *तस्मिन्नेव करणीयं।* (सूत्र 65)

'समस्त कार्यों और भावनाओं को ईश्वर को समर्पित करें। यहाँ तक कि इच्छा, आक्रोश और घमंड उनकी ही ओर मोड़ देने चाहिए।' तब वे सब हमारा उत्थान करते हैं।

भक्ति का अर्थ प्रभु के प्रति अपार प्रेम होना है। इसमें हम उन्हें देखने, उनसे मिलने और उनके साथ होने की अदम्य चाह विकसित करते हैं। हम जो भी करते हैं, हमारा मन ईश्वर से जुड़ा रहता है और हमारे विचार उनकी ओर इस तरह बहते हैं, जैसे कोई नदी सागर की ओर बहती हो। ऐसा प्रेम हृदय की समस्त गंदगियों को धो डालता है। शुद्ध हृदय के साथ हमें समस्त प्राणियों एवं वस्तुओं में दिव्यता का भान होने लगता है। भक्ति की यही महानता है।

इस अध्याय के बाकी के खंडों में हम चर्चा करेंगे कि कैसे अपने मन को ईश्वर की भक्ति की ओर केंद्रित करें। पूर्व की भाँति हम तार्किक और चरणबद्ध तरीके से आगे बढ़ेंगे, एक समय में एक कदम की नीति पर चलेंगे।

ईश्वर का अस्तित्व

भक्ति में डूबने से पहले हमें इस प्रश्न पर बात कर लेनी चाहिए—क्या ईश्वर है? यह प्रश्न पहले असंख्य बार पूछा जा चुका है, आज भी पूछा जाता है और

भविष्य में भी बना रहेगा। तमाम संतों और ग्रंथों ने अपने-अपने तरीके से इसके समाधान का प्रयास किया है।

हम *वेदांत दर्शन* से शुरू करते हैं, जो कहता है— *जन्मादयस्य यत:* (1.1.2), 'ईश्वर वह परम दिव्य इकाई है, जहाँ से समस्त ब्रह्मांड प्रकट हुआ है।' जिस ब्रह्मांड में हम रहते हैं, वह इतना विशाल और जटिल है कि निश्चित रूप से इसके पीछे कोई सर्वज्ञाता, सर्वशक्तिमान रचनाकार है।

जगद्गुरु शंकराचार्य इसी तर्क के आधार पर ब्रह्मांड के अस्तित्व को स्थापित करते हैं—

यदिदं जगद्देव-गंधर्व-यक्ष-रक्ष:
पितृपिशाचादि लक्षणं द्युवि यात्पृथिव्यदित्याचंद्रग रहनक्षत्रविचित्रम्,
विविधप्राणयुपभोग योग्यसाधन संबंधितदत्यंत
कुशलशिल्पिभिरपि दुर्निर्माणं *(शांकर भाष्य)*

वे कहते हैं कि आकाश, देवता, गंधर्व, यक्ष, राक्षस और अनगिनत सूर्य, तारे, ग्रह एवं चंद्रमा के साथ अन्य जीवात्मा जहाँ निवास करते हैं, वह ब्रह्मांड मानव द्वारा नहीं बनाया जा सकता है। इसके पीछे निश्चित रूप से कोई सर्वोच्च रचनाकार है।

न्याय दर्शन ईश्वर को अलग तरीके से बताता है—

ईश्वर: कारणं पुरुष कर्माफल्य दर्शनात्। (4.1.19)

इसके अनुसार, कर्म का विधान पूरे विश्व में नजर आता है। एक कारोबारी अपने जीवन में कठोर मेहनत करता है, लेकिन सफलता नहीं पाता। वहीं दूसरा असाधारण रूप से थोड़ा सा प्रयास करता है और बड़ी सफलता हासिल कर लेता है। इससे हमें विश्वास होता है कि इस असमानता के पीछे कर्म का विधान अवश्य होगा। हालाँकि, कर्म अपने आप में निष्प्राण है; यह स्वयं परिणाम में नहीं बदल सकता। ऐसे सर्वशक्तिमान व्यक्तित्व की जरूरत है, जो कर्मों को नोट करे, उनका लेखा-जोखा रखे और उचित समय पर उनके फलों

को प्रदान करे। वह सर्वशक्तिमान और सर्वज्ञाता व्यक्तित्व ईश्वर ही है।

बृहदारण्यक उपनिषद् ने तीसरी बहस पेश की है—

एतस्य वा अक्षरस्य प्रषासने गार्गिद्याया पृथिव्याउ विधृते तिष्ठतः।

(3.8.9)

इस श्लोक का अर्थ है कि जब तक एक चिड़िया अपनी चोंच में तिनके को पकड़े रहती है, तब तक वह तिनका ऊँचाई पर रहता है और जैसे ही चिड़िया तिनके को छोड़ देती है, वह जमीन पर आ गिरता है। उसी प्रकार, यह समस्त संसार, जिसमें असंख्य ब्रह्मांड स्थित हैं, बिना सर्वशक्तिमान के थामे टिक नहीं सकता है।

इन सारी बातों का निष्कर्ष यही है कि ईश्वर में आस्था रखने के लिए विश्वास बहुत जरूरी है। ईश्वर का अस्तित्व 100 प्रतिशत सटीकता और तथ्यों से साबित नहीं किया जा सकता है। हमारी चर्चा के उद्‍देश्य के अनुसार, इतनी बहस काफी है। अब हम अपनी आगे की चर्चा की ओर बढ़ेंगे और जानेंगे कि भक्ति कैसे विकसित करें।

ईश्वर की प्रकृति

उपनिषद वेदों का एक भाग है, जो गहन दार्शनिक शोध-प्रबंध प्रस्तुत करता है। उन्हें मानव जाति के इतिहास में दर्शन के उच्चतम पाठ के तौर पर दुनिया भर में सम्मान मिलता है। उन्नीसवीं शताब्दी में, जब जर्मन दार्शनिक आर्थर शोपेनहावर ने उन्हें पहली बार पढ़ा तो उन ग्रंथों को अपने सिर पर रखकर नाचने लगे। उन्होंने लिखा—'इस दुनिया में उपनिषदों सरीखा उच्च स्तरीय कुछ भी नहीं है। उन्होंने मेरे जीवन को उदासी से उबारा। अब मुझे मेरी मृत्यु में भी उनसे तसल्ली मिलेगी।'

इसके परिणामस्वरूप प्रो. मैक्स मूलर ने घोषणा की, "अगर शोपेनहावर के इन शब्दों को किसी पुष्टि की जरूरत हो तो मैं आनंदपूर्वक ऐसा करने के लिए तैयार हूँ, क्योंकि वैदिक ग्रंथों के जीवनपर्यंत अध्ययन से मैंने भी यही निचोड़ निकाला है।"

पॉल ड्यूसन, एक अन्य प्रसिद्ध दार्शनिक, ने अपनी टिप्पणी की, "शाश्वत दार्शनिक सत्य ने उपनिषदों के बंधनमुक्त करने वाले दार्शनिक ज्ञान की शायद ही इससे अधिक मजबूत और निर्णायक अभिव्यक्ति पाई हो।"

हम देखते हैं कि ये उपनिषद् पश्चिमी विचारकों द्वारा भी अत्यधिक पूजनीय हैं। लेकिन वे जिन विधानों का प्रचार करते हैं, वे बहुत गूढ़ हैं। कुछ लोगों का कहना है कि आई.टी. कौशल (वर्चुअल साइबर स्पेस से संबंधित) में भारतीयों के उत्थान की वजह ही यही है कि हजारों वर्षों से वे उपनिषदों की अमूर्त अवधारणाओं से परिचित रहे हैं।

मैंने यहाँ इसका जिक्र इसलिए किया, क्योंकि इस खंड में हम ईश्वर की प्रकृति पर वैदिक और उपनिषदों की अवधारणाओं पर मंथन करेंगे। हो सकता है कि आपको यह चर्चा अत्यधिक गूढ़ लगे या अभिभूत करने वाली भी लग सकती है। उस स्थिति में आप सहजता से अगले खंड, ईश्वर के लिए प्रेम बढ़ाने, की ओर जा सकते हैं। लेकिन कृपया यह निष्कर्ष न निकालें कि पूरी पुस्तक ही समान रूप से जटिल है। तो आइए, चलें।

ब्रह्मपुराण बताता है—

अस्थूलो नणुरूपोसा वविश्वो विश्व एव च
विरुद्ध धर्मरूपो सा वैश्वर्याति पुरुषोत्तमः ।

'परम दिव्य इकाई एक ही समय में असंख्य विपरीतार्थक गुणों से भरी हुई है।' कुछ परस्पर विपरीत गुण क्या हो सकते हैं? *श्वेताश्वतर उपनिषद्* बताता है—

अणोरणीयान्महतो महीयानात्मा गुहायां निहितोऽस्य जन्तोः ।

(3.20)

वैदिक मंत्र कहता है कि वह सूक्ष्मतम से भी सूक्ष्म है—वह अतिसूक्ष्म अणु कणों में भी विद्यमान है। वहीं, विशालकायों में विशालकाय भी है। सृष्टि की समस्त रचनाएँ उसमें अवस्थित हैं।

परम दिव्य व्यक्तित्व के यही परस्पर विपरीत गुण हैं। वे इसके आगे कहते हैं कि परमात्मा समस्त गुणों से परे है—

नेति नत्यस्थूलमनणुः (वेद)

'कोई भी विवरण अनंत की व्याख्या नहीं कर सकता। वह न तो 'बड़ा' है और न 'छोटा'।' यह वैदिक मंत्र पूर्व के मंत्र के उलट है, फिर भी दोनों सही हैं। ईश्वर की प्रकृति कुछ इस तरह विरोधाभासी है।

अब देखते हैं कि *कठोपनिषद्* क्या कहता है—

अन्यत्र धर्मादन्यत्राधर्मादान्यत्रास्मात् कृताकृतात्
अन्यत्र भूताच्च भव्याच्च यत् तत्पश्यसि तद्वद (1.2.14)

'परमात्मा धर्म और अधर्म से परे है; वह कारण और प्रभाव से भी ऊपर है। वह भूतकाल, वर्तमान या भविष्य तक सीमित नहीं है। वह समस्त अनुभवजनित भावनाओं की पहुँच से परे है।' इसके अलावा, *पुरुष सूक्तम्* कहता है—

अजायमानो बहुधा विजायते तस्य योनिं परिपश्यन्ति धीराः

'वह अजन्मा है और फिर भी असंख्य जन्म लेता है। बुद्धिमान उसे ब्रह्मांड के स्रोत के रूप में जानते हैं।'

वह किसी एक रूप तक ही सीमित नहीं है। *ऋग्वेद* कहता है—

एकं सद्विप्राः बहुधा वदन्ति। (1-164.46)

'परम सत्य भले ही एक हो, मर्मज्ञ उसे (ईश्वर) विभिन्न रूपों में पूजते हैं।'

ईश्वर पुरुष है या स्त्री? *श्वेताश्वतर उपनिषद्* कहता है कि वह दोनों है—

त्वं स्त्री त्वं पुमानसि त्वं कुमार उत वा कुमारी। (4.3)

'तुम एक स्त्री हो, तुम एक पुरुष हो; तुम एक युवा और एक युवती भी हो। तुम एक बूढ़े व्यक्ति के रूप में भी प्रकट होते हो, जो एक लठिया के साथ लड़खड़ाते हुए चलता है।'

अत: नारायण एवं लक्ष्मी—ये दोनों ही परमात्मा के रूप हैं और इसी प्रकार कृष्ण एवं राधा, राम एवं सीता तथा शिव एवं पार्वती भी हैं।

मैं यहाँ इस बात का अवश्य उल्लेख करना चाहता हूँ कि भाषा की अपनी सीमाएँ हैं। अत: सार्वभौमिक रूप से स्वीकृत शब्द-प्रयोग-पद्धति की अनुपस्थिति में मैं ईश्वर को 'वह' से संबोधित कर रहा हूँ। **वैदिक दृष्टिकोण से ईश्वर 'पुरुष' और 'स्त्री' दोनों है।**

ऊपर भगवान के असंख्य दिव्य गुणों में से कुछ ही दिए जा सके हैं, जो आपको उनके अनुकरण के लिए प्रेरित करने में मदद करेंगे। लेकिन महत्त्वपूर्ण प्रश्न यह है कि हम ईश्वर के प्रति भक्ति कैसे पैदा करें?

ईश्वर के लिए प्रेम बढ़ाना

पिछले खंड में हमने ईश्वर की अपार शक्ति पर चर्चा की। यह ज्ञान ईश्वर के प्रति श्रद्धा तो बढ़ाता है, लेकिन अंतरंग प्रेम भक्ति पैदा नहीं करता। कभी-कभी लोग भगवान से डरने की बात करते हैं, लेकिन भगवान से ड़रने और उसे प्रेम करने के बीच बड़ा अंतर है।

इसे अर्जुन ने श्रीमद्भगवद्गीता के ज्ञान के दौरान अनुभव किया था। पहले उन्होंने भगवान श्रीकृष्ण से उनके विराट रूप को प्रकट करने को कहा। किंतु उनके उस रूप को देखते ही अर्जुन भयभीत हो गए थे। उन्होंने *भगवद्गीता* में कहा है—

दंष्ट्रा-करालानि च ते मुखानि।
दृष्टवेव कालानाल-सन्निभानि।
दिशो न जाने न लाभे च शर्म
प्रसीद देवेश जगन-निवास। (11.25)

ईश्वर के विराट रूप को देखकर अर्जुन इस कदर भयभीत हो उठे कि उनका मुख सूख गया और त्वचा झुलस उठी। उनके मन में ईश्वर के प्रति पहले से चली आ रही प्रेम संबंधी भावनाएँ लुप्त हो गईं और उसकी जगह उनके भीतर

ईश्वर के प्रति डर समा गया। अतः वे ईश्वर से अपने विराट रूप को त्यागकर एक बार फिर से अपने प्रेमपूर्ण दो भुजाओं वाले रूप में वापस आने की प्रार्थना करने लगे।

इस घटना से हम समझ सकते हैं कि ईश्वर से डरना, भक्ति का मूल और आदि रूप है। हम इससे परे कैसे जा सकते हैं और वास्तविक भक्ति कैसे पैदा कर सकते हैं?

यह समान रूप से बेहद महत्त्वपूर्ण है और मैं इसका बहुत आसान सा उत्तर केवल दो वाक्यों में आपको देने जा रहा हूँ। विस्तार पर आगे चर्चा करेंगे। **हम ईश्वर के प्रति प्रेम उसके साथ प्रेमपूर्ण संबंध बढ़ाकर कर सकते हैं। ऐसा करने के लिए हमें लगातार सोचते रहना होगा, 'वह मेरे हैं और मैं उनका हूँ।'**

मैं कुछ छोटे उदाहरणों के जरिए इसे समझाता हूँ।

सौ साल पहले भारतीय समाज अत्यधिक रूढ़िवादी था। अकसर यह होता था कि विवाह से पहले लड़का और लड़की एक-दूसरे को देख भी नहीं पाते थे। उनके माता-पिता ही विवाह तय करते थे। अब कल्पना करें कि ऐसे विवाह में क्या होता रहा होगा?

लड़की घूँघट में रहती है। पंडितजी के निवेदन पर दूल्हा और दुलहन मंत्र पढ़ते हैं। उन्हें एक गाँठ से बाँधा जाता है और अग्नि के सात फेरे कराए जाते हैं। इस तरह रस्म पूरी हो जाती है और वे एक-दूसरे के बगल में अग्नि के समक्ष बैठे होते हैं।

उन्होंने एक-दूसरे को देखा नहीं होता है, लेकिन दोनों के बीच प्रेम पनप चुका होता है। लड़की सोचती है, 'मेरे बगल में बैठा हुआ यह पुरुष कितना अच्छा है! मुझे इससे प्रेम है। यह मेरा पति है।'

दुलहन से पूछते हैं, 'क्या तुमने अपने पति को देखा है?'

वह उत्तर देती है, 'नहीं, मैंने नहीं देखा। मैं अब भी घूँघट में ही हूँ।'

'तो तुम्हारे मन में उसके प्रति प्रेम कैसे पनपा?'

'क्योंकि वे मेरे हैं। मुझे उनके साथ पूरा जीवन बिताना है। वे मुझे प्रेम करेंगे और मेरा खयाल रखेंगे।'

मानव मनोविज्ञान इस तरह काम करता है। जिस पल हमारी बुद्धि यह तय कर लेती है 'यह व्यक्ति मेरा है', मन में प्रेम पनपने लगता है। इसी प्रकार, जब हम ईश्वर से अपना नित्य संबंध जोड़ते हैं तो हम वैसी ही भावना उसके प्रति महसूस करने लगेंगे।

सैकड़ों वर्ष पुराना एक अन्य उदाहरण और आपको देता हूँ।

दो लड़कियाँ सड़क पर टहल रही थीं। एक लड़का उन्हें देख रहा था। वह उनको सुनाते हुए कुछ अनर्गल टिप्पणियाँ कर रहा था। एक लड़की क्षुब्ध हो गई। उसने अपनी चप्पल निकाली तथा उसकी ओर मुड़ी और बोली, "इस बदतमीज को पास आने दो। आज मैं इसे सबक सिखाकर रहूँगी।"

हालाँकि, उसकी सहेली ने उसे डाँटते हुए कहा, "क्या कर रही हो तुम? क्या तुम नहीं जानतीं कि यह वही लड़का है, जिससे तुम्हारे माता-पिता ने तुम्हारा रिश्ता तय किया है?"

यह सुनते ही लड़की का क्रोध शांत हो जाता है। वह अपनी चप्पल गिरा देती है और लड़के की तरफ प्रेम भरी नजरों से दोबारा देखती है। 'क्या वह अब भी आ रहा है? मुझे लगता है कि वह गया नहीं है।'

लड़की को अचानक किस चीज ने बदल दिया? कैसे उसका क्रोध प्रेम में बदल गया? इसके पीछे एक विचार था, 'वह लड़का मेरा है। वह मेरा होने वाला पति है। मेरा स्वार्थ उसके जरिए पूरा होगा।'

इन दोनों उदाहरणों में बुद्धि का यह फैसला कि 'वह मेरा है', ने स्नेहपूर्ण प्रेम में परिणाम को तब्दील कर दिया। यही फॉर्मूला ईश्वर को लेकर हम पर भी लागू होता है। जब हम यह फैसला कर लेते हैं कि 'परमात्मा मेरे हैं और मैं उनका', हम उनके प्रति प्रेम पैदा कर लेंगे।

ईश्वर के साथ हमारा नित्य संबंध

दूल्हे और दुलहन के मामले में वे दो लोगों के बीच विवाह समारोह के जरिए जुड़ाव पैदा कर रहे थे। हालाँकि, ईश्वर के साथ जुड़ाव के लिए किसी रस्म-रिवाज की जरूरत नहीं है। उसके ही छोटे अंश होने के नाते हम पहले ही सनातन रूप में उसका हिस्सा हैं। वह हमारे इतने करीब है कि हमारे और उसके बीच बाल के बराबर भी दूरी नहीं है। ईश्वर हमारे भीतर ही समाहित है और हम उसके भीतर समाहित हैं। श्रीमद्भागवतम् में कहा गया है—

कृष्णं एनम अवेहि त्वं आत्मानं अखिलात्मनाम्। (10.14.55)

'संपूर्ण सृष्टि में भगवान श्रीकृष्ण को सभी आत्माओं की आत्मा जानें। जैसे हमारे भीतर आत्मा है और हमारे पास शरीर भी है, उसी प्रकार सृष्टि की समस्त आत्माएँ ईश्वर का शरीर हैं और ईश्वर उन आत्माओं की आत्मा है।' ईश्वर से हमारी निकटता कुछ इस तरह की ही है। इसकी दो विशेषताएँ हैं—

1. ईश्वर हमारा सनातन संबंधी है

पूर्व के अंतहीन जीवन, हम चाहे जिस योनि में जन्मे प्राणी हों, ईश्वर ने हृदय में *परमात्मा* के तौर पर हमारा साथ दिया है। नश्वर रिश्तेदार बदलते रहे—हर जीवन में हमारे भिन्न माता, पिता, बहन, भाई और दोस्त हुए; किंतु ईश्वर हमारा शाश्वत पिता, माता, मित्र और संबंधी बना रहा।

2. ईश्वर हमारा निस्स्वार्थ नातेदार है

दुनिया में लोग अपने आनंद के लिए हमें प्रेम करते हैं। उनके लगाव में स्वार्थ निहित होता है, इसलिए वह लगाव अपने हित के आधार पर घटता-बढ़ता रहता है। किंतु ईश्वर को हमसे कुछ नहीं चाहिए होता है। वह हमसे निस्स्वार्थ भाव से प्रेम करता है और केवल हमारे कल्याण की इच्छा रखता है।

इसलिए, ईश्वर ही हमारा शाश्वत और निस्स्वार्थ नातेदार है। उसके

साथ ही हमारा गहरा और नजदीकी रिश्ता है। समस्या यह है कि अनंत जन्मों से हम उसके साथ अपने जुड़ाव को भूले हुए हैं। इसे याद रखने में प्रयास की जरूरत होगी—हमें साधना करने की जरूरत होगी।

इस उदाहरण पर गौर करें।

रमेश और दिनेश एक कॉलेज के दोस्त थे, लेकिन उनके कॅरियर ने दोनों को अलग-अलग जगह पहुँचा दिया। पच्चीस साल बाद रमेश दिल्ली के कनॉट प्लेस में टहल रहा था और तभी उसने आगे जा रहे दिनेश को पहचान लिया।

रमेश उसके पास पहुँचा और पीठ पर थपकी देते हुए बोला, "कितना सुखद आश्चर्य है, दिनेश! मैं विश्वास नहीं कर पा रहा हूँ कि यह तुम हो!"

वहीं दिनेश अपने दोस्त को पहचान नहीं पाया और बोला, "माफ करना, क्या हम एक-दूसरे को जानते हैं?"

"तुम मुझे नहीं पहचान पाए? हम किरोड़ीमल कॉलेज में साथ-साथ पढ़ते थे।"

दिनेश ने अस्पष्टता से कहा, "हम्म··· । मुझे कुछ-कुछ याद आ रहा है। कुछ और भी याद दिलाओ।"

रमेश ने आगे याद दिलाया, "हम लोग कैंपस की कैंटीन में साथ ही बैठते थे।"

"हाँ, अब कुछ-कुछ याद आ रहा है मुझे।"

रमेश ने और जानकारियाँ देकर उसे याद करने में मदद की, "हम दोनों ही कॉलेज की क्रिकेट टीम में थे।"

"ओह! अब मुझे याद आया। तुम रमेश हो! वाह, कितना अच्छा लग रहा है! पच्चीस साल बाद तुमसे मिलकर वाकई बहुत आनंद हो रहा है!"

तो हमने देखा कि दिनेश और रमेश दोस्त थे, लेकिन दिनेश सब भूल चुका था, इसलिए उसे बीती यादों को वापस लाने में थोड़ा प्रयास करना पड़ा। इसी प्रकार, ईश्वर के साथ हमारा जुड़ाव अनंत काल से है; लेकिन हम याद नहीं रखते, इसलिए **उसके साथ हमारे जुड़ाव को याद करने के लिए थोड़ा**

प्रयास करना पड़ेगा। उस प्रयास को 'साधना भक्ति' या भक्ति की तैयारी कहते हैं। इसके अभ्यास के तरीके को आइए, समझें।

भक्ति के पाँच भाव

प्राचीन काल में एक देश में एक राजा था। हर कोई उससे अलग-अलग तरीके से जुड़ा हुआ था। आम नागरिक उसे अपने राजा के तौर पर देखते थे। उसके साथ उनके दूर के ही संबंध थे।

वहीं राजा के पास सेवकों का एक वर्ग भी था। वे उसे मालिक के तौर पर देखते थे और उससे सीधे निर्देश भी पाते रहते थे। राजा एक ही था, लेकिन उससे संबंध नजदीकी हो गए थे।

राजा के अपने व्यक्तिगत मित्र भी थे। वे बचपन में उसके साथ खेलते हुए बड़े हुए थे। वे राजा को अब भी अपने मित्र की तरह ही देखते थे।

इसके साथ-साथ राजा के अपने बच्चे भी थे, जो बचपन में उसकी गोद में भी बैठते थे। उनके लिए वह पिता पहले था और राज्य का संरक्षक बाद में।

उसकी रानी भी थी। वह राजा से सबसे करीब से जुड़ी थी और उसके समस्त व्यक्तिगत स्वभाव से परिचित थी। वह अकसर उसे 'प्रियतम' कहकर बुलाती थी। राजा व्यक्ति तो एक ही था, लेकिन उसके संबंध और भी नजदीकी हो गए थे।

इस उदाहरण में सभी लोग राजा से भिन्न-भिन्न तरीके से जुड़े हुए थे। इसी प्रकार एक सर्वशक्तिमान ईश्वर के प्रति भक्ति प्रदर्शित करने के पाँच भाव हैं। यह भी कह सकते हैं कि हमारे मन को ईश्वर तक पहुँचाने के पाँच रास्ते हैं। उनके बारे में भक्ति से जुड़े ग्रंथों में विस्तार से बताया गया है। उदाहरण के लिए, *नारद भक्ति दर्शन, भक्ति रसामृत सिंधु, प्रेम रस विधान* और अन्य।

भक्ति के पाँच भाव इस प्रकार हैं—

1. शांत भाव (निष्क्रिय भाव से भक्ति)

इसके अंतर्गत हम सोचते हैं, 'ईश्वर ही हमारे राजा हैं।' उदाहरण के लिए, द्वारिका के लोग भगवान श्रीकृष्ण को अपने राजा के तौर पर देखते हैं। अयोध्या के लोग भगवान श्रीराम को अपना प्रमुख मानते हैं। इस तरह का भाव ईसाई धर्म में भी आम है, जहाँ भगवान को स्वर्ग के राजा की तरह देखा जाता है।

राजाओं के प्रति भावना यह होती है कि वे आदरणीय और पूजनीय हैं। 'जब राजा की कृपा शहर के मेरे वाले हिस्से में होगी, तब मैं भी जाकर दूर से उन्हें देखूँगा और जोर-जोर से बोलूँगा, 'देखो, वह हमारा राजा जा रहा है!' लेकिन क्या हम जाकर राजा के चरणों में बैठ सकते हैं, उनसे बात कर सकते हैं और उन्हें अपनी व्यक्तिगत सेवा दे सकते हैं? नहीं, नागरिकों को इस तरह की विशेष छूट नहीं होती। वे अपने राजा की दूर से ही पूजा कर सकते हैं।

शांत भाव में आदर और प्रशंसा का भाव प्रमुख होता है; ईश्वर के प्रति हमारे व्यक्तिगत गहरे लगाव को किसी खास देखभाल की जरूरत नहीं होती। उच्चतर भावों में अपेक्षाकृत अधिक मधुर और अधिक आत्मीय तरीके से ईश्वर से जुड़ते हैं।

2. दास्य भाव (सेवा का भाव)

यहाँ हम खुद को ईश्वर के सेवक के रूप में देखते हैं। यह भाव भी बहुत आम है। इस भाव में ईश्वर हमारे मालिक हो जाते हैं और हम उनके सेवक। दुनिया भर में तमाम धार्मिक परंपराओं में भक्त अपने भगवान से सेवा का भाव लेकर जुड़ते हैं।

दास्य भाव में भाईचारे और अभिभावकत्व के भाव निहित होते हैं, यानी कि ईश्वर को हम अपने पिता या माता की तरह देखते हैं। इस भाव का अत्यंत लोकप्रिय उदाहरण हनुमानजी हैं। वे खुद को भगवान श्रीराम का सेवक मानते हैं।

3. सख्य भाव (भक्ति में भाईचारे के भाव)

इस भाव में ईश्वर के प्रति अत्यंत प्रेम होता है, जिसमें आदर और पूजनीय वाले

भाव नजरअंदाज किए जाते हैं। इसकी बजाय हम अब ईश्वर को अपने प्रिय मित्र की भाँति देखते हैं। वेदों में कहा गया है—*द्वा सुपर्णा सयुजा सखाया* (*मुण्डक उपनिषद्*, 3.1.1) यानी 'जैसे एक शाख पर दो चिड़ियाँ, उसी प्रकार आत्मा और उसकी मित्र, परम आत्मा, दोनों शरीर में स्थित हैं।'

सख्य भाव के भक्त के उदाहरण के तौर पर हम अर्जुन को देखते हैं, जो भगवान कृष्ण को अपना प्रिय मित्र मानते हैं। यही कारण था कि महाभारत के युद्ध के दौरान भगवान को अपने रथ का सारथि बनाने में वह जरा भी नहीं झिझके। *रामलीला* में सुग्रीव खुद को भगवान श्रीराम के मित्र के तौर पर देखते हैं।

वृंदावन में रहने के दौरान श्रीकृष्ण के साथ *ग्वाल बालकों*, यानी गाय चराने वाले लड़कों का जुड़ाव *सख्य* भाव से ही था। उन लड़कों का कृष्ण के साथ वार्त्तालाप इस कदर आत्मीय था कि स्वयं ब्रह्मा भी उन्हें देखकर भ्रमित हो गए। श्रीमद्‌भागवत में उन्होंने कहा है—

अहो भाग्यं अहो भाग्यं नंद-गोप-व्रजौकसाम्।
यान्-मित्रं परमानन्दं पूर्णं ब्रह्म सनातनम्॥ (10.14.32)

'नंद बाबा की धरती ब्रज के ये ग्वाल बालक कितने भाग्यशाली हैं! परम दिव्य भगवान, जो हमेशा दिव्य आनंद के सागर हैं, उनके अंतरंग मित्र बन गए हैं।'

4. वात्सल्य भाव (मातृत्व या पितृत्व भाव)

इस भाव को समझने के लिए आइए, एक छोटा सा उदाहरण देखते हैं।

मान लें कि किसी एक शहर में एक पुलिस कमिश्नर है। सैकड़ों लोग उसे सैल्यूट करते हैं और हजारों उससे खौफ खाते हैं। लेकिन उसकी माँ एक पुलिस कमिश्नर को अपने बेटे के रूप में देखती है। वह उसके पद की परवाह नहीं करती। यहाँ तक कि वह कभी-कभी तो उसे डाँट भी देती है, "मेरे बच्चे, देख रही हूँ कि तुम आजकल अपनी सेहत का खयाल बिल्कुल नहीं रख रहे हो, क्यों?"

इसी प्रकार, *वात्सल्य* भाव में भक्त महसूस करता है, 'ईश्वर मेरे बच्चे के समान हैं। मुझे उनका खयाल रखना है।' इस तरह का भाव दशरथ और कौशल्या का भगवान श्रीराम के प्रति था। इसी तरह का भाव नंद बाबा और माँ यशोदा का भी श्रीकृष्ण के प्रति था।

5. माधुर्य भाव (दांपत्य भाव)

इस भाव में हम भगवान के बहुत करीबी के तौर पर खुद को देखते हैं, यानी हम उन्हें अपने प्रेमी के तौर पर देखते हैं। इस तरह से वृंदावन की *गोपियाँ* श्रीकृष्ण की पूजा करती थीं। दक्षिण भारत में भगवान जगन्नाथ के लिए अंडाल का प्रेम काफी प्रसिद्ध है और *माधुर्य* भाव का काफी प्रसिद्ध उदाहरण है। एक और प्रसिद्ध उदाहरण है मीराबाई का। वे भगवान को अपने प्रियतम की तरह देखती थीं और इस तरह उनसे गहराई से जुड़ी हुई थीं।

ये पाँच भाव हमारे मन को ईश्वर की ओर ले जाने के आसान रास्ते हैं। भक्ति का एक और शब्द है *उपासना*। *आसन* यानी 'बैठना' और *उप* अर्थात 'निकट'। अतः *उपासना* का अर्थ होता है—'ईश्वर के निकट बैठना' या अपने मन को ईश्वर के निकट ले जाना। जिन पाँच भावों पर हमने चर्चा की, वे हमें भक्ति में सहायता करते हैं और इन पर हम अगले खंड में भी चर्चा करेंगे।

भक्ति के पाँच भावों के लाभ

वैदिक दर्शन केवल एक जीवन तक सीमित नहीं है। हमारे अनंत जन्म हो चुके हैं और हर जीवन में हमारे सगे-संबंधी होते हैं—पिता, माँ, बहन, भाई, बेटा, बेटी, पति, पत्नी, चाची, चाचा आदि। अतः हमारे भीतर हर प्रकार के प्रेम की इच्छा वाले *संस्कार* होते हैं। हमें माँ के साथ पिता के भी प्रेम की इच्छा होती है; हम चाहते हैं कि किसी मित्र का भी प्रेम हमें मिले और साथ ही हम पत्नी या पति का भी प्रेम चाहते हैं।

कह सकते हैं कि एक व्यक्ति के पास पत्नी है, बहन और बेटी है, लेकिन उसकी माँ का जन्म देते समय निधन हो गया। यानी कि वह मातृत्व स्नेह पाने से

वंचित रह गया। जब वह देखता है कि उसके मित्रों को उनकी माँएँ लाड़-प्यार कर रही हैं तो वह खुद को कोसता है, 'अगर मेरे पास भी माँ होती तो मैं भी इसी तरह का स्नेह पा सकता था!'

हम हर तरह का प्रेम चाहते हैं। यही हमारे *संस्कार* हैं। भक्ति का मार्ग हमें सिखाता है कि हम इन सभी भावों को ईश्वर की ओर मोड़ दें।

अतः भगवान श्रीकृष्ण ने हमें बताया है कि हम ईश्वर को अपना सब कुछ मानें।

तमेव शरणं गच्छ सर्वभावेन भारत। (भगवद्गीता, 18.62)

'हे अर्जुन! तू सर्वभाव से उस ईश्वर की ही शरण में चला जा। उसे ही अपना सब कुछ मान।'

इसी भाव के वशीभूत गांधारी ने भगवान श्रीकृष्ण से कहा था—

त्वमेव माता च पिता त्वमेव, त्वमेव बन्धुश्च सखा त्वमेव।
त्वमेव विद्या द्रविणं त्वमेव, त्वमेव सर्वं मम देव देवा।

(*पांडव गीता*)

'आप वास्तव में मेरे माता व पिता हैं। आप स्वयं ही मेरे रिश्तेदार और मित्र हैं। आप असल में मेरा ज्ञान और मेरी संपत्ति हैं। आप सच में मेरे सब कुछ हैं, ईश्वरों में मेरे ईश्वर हैं।'

हम किस रूप में परमात्मा की पूजा करना चाहते हैं, उस आधार पर हम कुछ या इन समस्त पाँचों भावों को अपनाएँ। ईश्वर के हर रूप के लिए इन समस्त भावों का अभ्यास नहीं किया जा सकता है। इसमें संशय नहीं कि हम इन समस्त भावों को भगवान श्रीकृष्ण के प्रति रख सकते हैं, जिसे उन्होंने अपने वृंदावन में बिताए समय के दौरान दिखाया भी था।

भक्ति रसामृत सिंधु कहता है—

येन केन प्रकारेण मनः कृष्णे निवेशयेत।

'चाहे जैसे भी संभव हो, अपने मन को भगवान में लगाएँ।'

ऊपर बताए गए सभी पाँच भावों में से प्रत्येक में हमारे भावनात्मक झुकाव का परिशोधन कर उसे ईश्वर में समाहित करने की जबरदस्त क्षमता है।

भगवान से मन जोड़ने के लाभ

इस पर चर्चा करने के बाद कि हम अपने मन का शोधन कर कैसे उसे ईश्वर की ओर उन्मुख कर सकते हैं, मैं अब इसके अनगिनत लाभों में से कुछ का यहाँ उल्लेख करूँगा।

पहला लाभ तो यह कि सर्वशुद्ध ईश्वर में मन रमाने से मन स्वयं शुद्ध हो जाता है।

दूसरा लाभ यह कि हमारी निम्न प्रकृति; जैसे—इच्छा, गुस्सा, लालच और घमंड, ये भक्ति से धुल जाते हैं। हमारा स्वभाव उदार हो जाता है और ये नेक भावनाएँ हमारे लाभ के लिए काम करने लगती हैं।

इन बिंदुओं पर हम पहले के अध्यायों में भी चर्चा कर चुके हैं, इसलिए आगे बढ़ते हैं।

तीसरा लाभ यह है कि जब हम ईश्वर के प्रेम में होते हैं तो स्वत: ही उसके आनंद के लिए हर कार्य करने लग जाते हैं। इसका परिणाम होता है कर्मयोग।

कर्मयोग मूलत: 'कर्म' और 'भक्ति' है। यह श्रीमद्भगवद्गीता का प्रमुख निर्देश भी है—*तस्मात् सर्वेषु कालेषु मामनुस्मर युध्य च* (8.7), यानी 'तुम अपने शरीर से अपना काम करो और मन को ईश्वर में रमाए रहो।'

अत: **कर्मयोग में हर काम के पीछे की भावना शुद्ध हो जाती है। 'मेरे काम ईश्वर को कैसे प्रसन्न कर सकते हैं?' इस इरादे की वह शुद्धता हमारे जीवन में सबसे बड़ा अंतर पैदा करती है।**

अर्जुन का उदाहरण लें। श्रीमद्भगवद्गीता सुनने से पहले भी वे एक योद्धा थे। दिव्य ग्रंथ सुनने के बाद भी वे एक योद्धा ही रहे। केवल उनका इरादा ही

परिवर्तित हुआ। पहले उनका लक्ष्य था—राज्य पर आधिपत्य हासिल करना। आगे चलकर उन्हें यह ज्ञात हुआ कि ईश्वर की सेवा के तौर पर उन्हें जो काम सौंपा गया है, उसे वे केवल अपना कर्तव्य मानकर पूरा कर रहे हैं। बदलाव उनके कार्यों में नहीं, बल्कि उनके इरादों में आया। कर्मयोग का यह एक उदाहरण था। अर्जुन का मन ईश्वर में था, जबकि वे शारीरिक रूप से सांसारिक कर्तव्य को पूरा कर रहे थे।

कर्मयोग के विधान की समझ हमें बेहतर इंसान बनने की शक्ति प्रदान करती है। कभी-कभी लोग यह गलत समझ बैठते हैं कि भक्ति में लीन होने का अर्थ यह है कि हमें सांसारिक कार्यों से अपनी सक्रियता कम कर देनी है। आपको अपने सांसारिक कर्तव्यों का पालन करते रहना है; किंतु आपका इरादा ईश्वरोन्मुख होना चाहिए।

मान लें कि आप एक व्यवसायी हैं। भक्ति के बगैर आपका इरादा स्वार्थ से भरा होगा—'मुझे पैसा कमाना है, ताकि मैं दुनिया भर के सुख भोग सकूँ।' वहीं जब भक्ति आपके हृदय में विकसित होगी तो आप अब भी व्यवसाय कर रहे होंगे, किंतु आपका इरादा ईश्वरीय होगा—'मैं ढेर सारा पैसा कमाऊँगा, ताकि अपनी दैनिक जरूरतों का खयाल रखने के बाद मैं इससे ईश्वर की भी सेवा कर सकूँ।'

अब, जब हमारा इरादा अपने कार्यों से ईश्वर को आनंदित करने का हो गया तो हम उन्हें और बेहतर तरीके से करने का प्रयास करेंगे। इस अवधारणा को लेकर एक दिलचस्प कहानी भी है।

भारत के मध्यकालीन दौर में अकबर काफी प्रसिद्ध मुगल बादशाह थे। उनके मंत्री समूह में महान संगीतज्ञ तानसेन भी थे। संगीत में उन्हें इस कदर महारत हासिल थी कि अगर वे राग मेघ मल्हार गा दें तो बारिश होने लगे और अगर राग दीपक गा दें तो दीये जल उठें।

एक दिन अकबर ने उनसे कहा, "तानसेन, आप इतना अच्छा गाते हैं। ऐसे संगीत की शिक्षा आपको किस गुरु ने प्रदान की है?"

तानसेन ने उत्तर दिया, "बादशाह सलामत, मेरे गुरु स्वामी हरिदासजी हैं। वे वृंदावन में रहते हैं, जिसे श्रीकृष्ण की पावन धरती भी कहा जाता है।"

तानसेन अकबर को लेकर वृंदावन में अपने गुरु से मिलवाने ले गए। वहाँ अकबर को स्वामी हरिदास के मधुर धार्मिक भजन सुनने का अवसर मिला और मिठास भरे संगीत सुनकर वे रोमांचित हो उठे।

बाद में, जब वे लौटने लगे, तब अकबर ने तानसेन से पूछा, "ऐसा क्यों है कि आप अपने गुरु के समान नहीं गा पाते?"

पहले सवाल था कि जब तानसेन इतना मधुर गाते हैं तो उनके गुरु कौन हो सकते हैं? लेकिन अब उन्होंने अपने सवाल को पलट दिया और पूछा कि तानसेन अपने गुरु के संगीत कौशल से मेल क्यों नहीं खाते?

तानसेन ने उत्तर दिया, "बादशाह सलामत, इसकी वजह आपके सामने स्पष्ट है। मैं हिंदुस्तान के बादशाह की संतुष्टि के लिए गाता हूँ। मेरे गुरु संसार के राजा की संतुष्टि के लिए गाते हैं। मेरे गुरुजी की प्रेरणा का स्रोत उनके भीतर बसा हुआ है, जिससे मैं उनके बराबर हो ही नहीं सकता।"

यह कहानी शुद्ध इरादे की ताकत बताती है। तानसेन के गुरु भक्ति में लीन होकर गा रहे थे। लेकिन इसका मतलब यह नहीं कि वे उसे लेकर उदासीन थे, बल्कि वे अपनी भक्ति को सर्वश्रेष्ठ रूप में गाने के लिए प्रेरित थे। तानसेन ने स्वीकार किया कि उनका गायन कमतर है, क्योंकि इसमें इच्छा की वह शुद्धता नहीं थी, जो कि भक्ति से आती है।

चौथा लाभ यह है कि चूँकि हमारे प्रयासों का फल ईश्वर के आनंद के लिए होता है, इसलिए हम उस फल में आसक्त नहीं होते। अगर हमारे सर्वश्रेष्ठ प्रयासों के बावजूद अपेक्षित परिणाम नहीं आते तो हम सोचते हैं, 'संभवतः प्रभु की इच्छा ऐसी ही थी। मुझे उनकी इच्छा स्वीकार करनी चाहिए और आनंदित रहना चाहिए।' **अनासक्ति की यह भावना हमें तनाव, चिंता, अवसाद एवं भय से मुक्त करती है।**

पाँचवाँ लाभ ईश्वर से मन को जोड़ने का होता है कि हमारी स्वयं की

पहचान परिवर्तित हो जाती है। हम खुद को ईश्वर के एक अंश के रूप में देखते हैं। ऐसा रवैया हमें अहंकार या लोगों के विचारों या धारणाओं की बजाय हमारी आत्मा की वास्तविकता के आधार पर एक स्वस्थ आत्म-पहचान विकसित करने की अनुमति देता है। हम स्वयं को नीचा दिखाए बिना ही विनम्र हो जाते हैं।

छठा लाभ यह है कि हमारा दूसरों के प्रति दृष्टिकोण बदल जाता है। हम जिससे भी मिलते हैं, उसे दिव्य (ईश्वर का अंश) मानते हैं और परिणामस्वरूप हम दूसरों के साथ स्वस्थ दृष्टिकोण बनाते हैं। हमारी आपसी बातचीत सकारात्मक और सेवा-उन्मुख होती है।

सातवाँ लाभ यह है कि जब हम अपनी चेतना में ईश्वर को रखते हैं तो हमें यह महसूस होता है कि सारी चीजें उसके ही आशीर्वाद से संभव होती चली जा रही हैं। इस क्रम में हम कर्ता के अहंकार से मुक्त हो जाते हैं।

आठवाँ लाभ ईश्वर से मन को जोड़ने का होता है कि मानव जीवन का लक्ष्य ईश्वर-प्राप्ति होता है। जब हम कर्मयोगी बन जाते हैं, तब हम जीवन के सर्वोच्च लक्ष्य की ओर बढ़ने लगते हैं, वह भी सांसारिक कर्तव्यों का निर्वाह करते हुए।

इस अध्याय में हमने मन के विचारों और भावनाओं को ईश्वर में समाहित करने की तकनीक पर चर्चा की। लेकिन यह तब तक पर्याप्त नहीं माना जाएगा, जब तक हम स्वार्थ एवं निस्स्वार्थ प्रेम के बीच अंतर को समझ नहीं लेते। इससे सवाल उठता है—सच्चा प्रेम क्या है और यह स्वार्थी प्रेम से किस तरह भिन्न है? हम इस पर अगले अध्याय में चर्चा करेंगे।

मुख्य बिंदु

- हमारी चेतना का स्तर हमारे मन से बँधा हुआ है। अतः हम उतने ही अच्छे हैं, जितना हमारा मन अच्छा है।
- जुड़ाव, इच्छा, क्रोध, लालच, ईर्ष्या और घमंड—ये विचारों का अपवित्र गठजोड़ तैयार करते हैं, जो मन को दूषित करता है। यह हमारे निम्न स्वभाव को बनाता है।

- लेकिन हमारे पास उच्चतर स्वभाव भी होता है, जो निम्न संवेदनाओं को नापसंद करता है और संघर्ष करके उन्हें ऊपर उठाता है।
- समस्या यह है कि दबाव का उलटा प्रभाव भी होता है—जिन विचारों को हम सबसे ज्यादा दबाते हैं, वे ही ज्यादा उभरे हुए नजर आते हैं।
- भक्ति में हम सोचने की प्रक्रिया को रोकते नहीं, बल्कि अपने मन को ईश्वर की ओर मोड़ देते हैं। इससे हमारी इच्छाएँ और जुड़ाव भी दिव्य हो जाते हैं।
- भक्ति पैदा करने के लिए हमें ईश्वर से प्रेमपूर्ण संबंध विकसित करना चाहिए और निरंतर यह सोचते रहना चाहिए, 'वह मेरे हैं और मैं उनका।'
- भक्ति के पाँच भाव हमारे मन को ईश्वर की ओर ले जाने के पाँच रास्ते हैं।
- कर्मयोग का अभ्यास हमें यह सीख देता है कि हम अपने मन को ईश्वर में लगाकर अपने सारे काम करें।

□

6

प्रेम का विधान

रिश्ते मानव जीवन के सबसे महत्त्वपूर्ण पहलुओं में से एक हैं। महान ग्रीक दार्शनिक अरस्तू ने लिखा है—'मनुष्य स्वभाव से एक सामाजिक प्राणी है। समाज एक ऐसी चीज है, जो व्यक्ति से पहले होता है।'

अंततः हमारे शाश्वत रिश्तेदार भगवान हैं। फिर भी, जब तक हम इस दुनिया में रहते हैं, हम मानवीय मेल-जोल और सामाजिक संबंधों से बच नहीं सकते हैं। कुछ रिश्ते हम चुनते हैं, जैसे—दोस्तों को और कुछ हमें विरासत में मिलते हैं, जैसे—माता-पिता, भाई-बहन और कुछ में हम जबरदस्ती धकेल दिए जाते हैं जैसे सहपाठी एवं कार्यालय सहयोगी।

एक सुखी और सफल जीवन के लिए हमें आवश्यकता होती है कि हम सकारात्मकता और परिपक्वता के साथ इन सभी रिश्तों को आगे बढ़ाएँ। रिश्तों को सफलतापूर्वक पोषित करने के कई लाभ हैं—

- नेटवर्क हमें सामाजिक समर्थन पाने में मदद करते हैं। हम अपने से बड़ी किसी चीज का हिस्सा होने की भावना विकसित करते हैं।
- रिश्ते हमें दूसरों की देखभाल करने की भावना पैदा करने में मदद करते हैं। हम करुणा और बलिदान के गुणों को विकसित करते हैं।
- उचित संपर्क हमें अपने व्यक्तिगत विकास में दूसरों से सहायता प्राप्त करने में सक्षम बनाते हैं। हम अपने काम के माहौल में समर्थन और सलाह पाते हैं।
- स्वस्थ रिश्ते हमारे स्वास्थ्य को भी बेहतर बनाते हैं। हम शांत होने,

तनाव को कम करने, सुकून के लिए एक माध्यम पाते हैं। वैज्ञानिक अध्ययनों से पता चलता है कि भावनात्मक समर्थन जबरदस्त स्वास्थ्यवर्धक है। सामाजिक समर्थन और मृत्यु के बीच संबंध को जोड़ने वाले पहले शोधकर्ताओं में से एक जूलियन होल्ट-लूनस्टेड ने पाया कि सामाजिक संबंधों की कमी एक दिन में 15 सिगरेट पीने के बराबर होती है।

- सहायक संबंध हमारे जीवन की उम्र को बढ़ाते हैं। सदियों से हो रहे अध्ययन में लंबी उम्र के रहस्य का पता चला है और यह परिवार, दोस्तों एवं रिश्तेदारों से मिले भावनात्मक समर्थन के चलते होता है।

ये स्वस्थ और भरोसेमंद जुड़ाव के अनगिनत लाभों में से कुछ ही हैं। साथ ही जीवन में चिंता, अरुचि और असंतोष का सबसे बड़ा कारण भी रिश्ते ही हैं। कोई भी आध्यात्मिक या मनोवैज्ञानिक परामर्शदाता आपको व्यक्तिगत अनुभव से बताएगा कि लगभग आधे लोग उनके पास संबंधों से जुड़ी समस्याएँ लेकर आते हैं। इसका मतलब है कि जीवन में हमारे सामने आने वाली 50 प्रतिशत समस्याएँ आपसी व्यवहार से जुड़ी होती हैं। अतः **रिश्ते दोधारी तलवार की तरह होते हैं और उन्हें प्रभावी ढंग से कैसे सँभालना है, यह सीखना जरूरी है।**

कुछ लोगों के लिए सार्थक और भरोसेमंद संबंधों को स्थापित करना आसान होता है। वे सकारात्मक संपर्क का पोषण करते हैं और व्यक्तिगत पूर्ति तथा पेशेवर सफलता के संदर्भ में लाभ प्राप्त करते हैं। लेकिन ज्यादातर लोग अपने रिश्तों के साथ खिलवाड़ करते हैं। बाद में, जब वे आपसी दुःख का अनुभव करते हैं तो वे इसके लिए भाग्य को दोषी मानते हैं। नतीजतन, संबंध अपना काम करते रहें, यह समझने के लिए जीवन में आनंदित रहना और प्रभावी होना जरूरी है।

अपेक्षाएँ संबंधों को तबाह कर देती हैं

कभी-कभी संबंधों में टकराव अपरिहार्य हो जाता है; लेकिन ज्यादातर यह होता है कि हम स्वयं अपने दोषपूर्ण रवैए के चलते इसके लिए जिम्मेदार होते हैं। निम्नलिखित उदाहरण पर विचार करें—

तीन साल का एक बच्चा अपनी माँ के साथ एक सुपर मार्केट जा रहा है। अपने नन्हे हाथों से वह अपनी माँ के कपड़ों को पकड़े हुए हैं। जब वह अपने चेहरे पर खिलती मुसकान लिये इधर-उधर देखता है तो उसके हाव-भाव में एक गहरी मिठास नजर आती है। वह एक छोटा सा देवदूत दिखाई दे रहा है।

हालाँकि, चेकआउट काउंटर पर एक बदलाव घटित हुआ। उसने मिल्क चॉकलेट से भरे जार की तरफ देखा और इशारा करते हुए अपनी माँ से बोला, "मम्मी, मुझे चॉकलेट चाहिए।"

अब यदि उसकी माँ ने उसकी इच्छा पूरी कर देती है तो उसके चेहरे की मिठास पहले की ही भाँति जारी रहती है। लेकिन संयोगवश, उसकी माँ मना कर देती है तो वह वहीं रोना शुरू कर देता है। वह जोर-जोर से चीखता और आँसू बहाता है, माँ के कपड़े खींचता और जमीन पर अपने पैर पटकने लगता है। उसका नाटक इस कदर जबरदस्त होता है कि इससे उसकी माँ को अफसोस होने लगता है, 'उफ्, मुझे यही दिन देखना था तो मैंने बच्चा पैदा क्यों किया?'

अगर आप उस दृश्य के गवाह होते तो हैरत में पड़ जाते कि आखिर इस बच्चे में अचानक इतना परिवर्तन कैसे आया? पिछले ही पल वह देवदूत-सा लग रहा था और अगले ही पल वह नन्हे शैतान में बदल गया।

तो यह अपेक्षाओं के पूरा न हो पाने का एक मामला था। जब तक उसकी इच्छाएँ पूरी होती रहीं, सब कुछ ठीक था; लेकिन जिस पल उसकी माँ यह भूल गई कि उसे क्या चाहिए था, वह गुस्से से आगबबूला हो गया।

हम लोगों के साथ लगभग ऐसा ही मामला है। मानवीय संबंधों में हम अकसर छोटे बच्चे की तरह व्यवहार करते हैं। **हम दूसरों से अपेक्षा करते हैं**

कि वे निश्चित तरीके से व्यवहार करें और जब वे नहीं करते तो हम यह महसूस करते हैं कि हमें नाराज होने का हक है। इस तरह, अधूरी अपेक्षाएँ संबंधों पर दबाव डालती हैं।

यह विधान हर तरह के संबंधों पर लागू होता है—पति-पत्नी, भाई-बहन, दोस्त, अधिकारी-कर्मचारी, बच्चा-अभिभावक आदि। नीचे कुछ साधारण से उदाहरण दिए गए हैं, जिनकी हम आपसी मेल-जोल में अपेक्षा करते हैं—

- मैं चाहता हूँ कि लोग इस तरीके से व्यवहार करें, जिससे मुझे आनंद मिले।
- मैं चाहता हूँ कि दूसरों का मूड मेरे मूड से मेल खाए।
- मैं चाहता हूँ कि लोग मुझे समझें।
- मैं चाहता हूँ कि दूसरों का नजरिया मेरे मिजाज से मेल खाए।
- मैं चाहता हूँ कि दूसरे लोग गलतियाँ न करें।

इनमें से प्रत्येक आत्म-केंद्रित अपेक्षाएँ हैं। वे इस रवैए पर आधारित हैं, 'इसमें मेरे लिए क्या खास है ?' लेकिन विडंबना यह है कि हम ऐसा मानकर कि ये दूसरों के अपनाने के लिए हैं, हम खुद को भ्रम में रखते हैं। यहाँ तक कि हम ऐलान भी कर देते हैं कि हम निस्स्वार्थ सेवा करने जा रहे हैं, फिर भी स्वार्थ की भावना उसमें निहित रहती है। यह कुछ-कुछ वैसा ही है कि हमारी अपवित्रता के ऊपर पवित्रता की पोशाक चढ़ा दी गई हो।

अगर आपकी अपेक्षाएँ वाकई निस्स्वार्थ हैं तो उनका पूरा न हो पाना हमें निराश नहीं कर सकता। लेकिन तथ्य यह है कि अगर हम चिढ़े तो यह समझ लें कि हम स्वार्थी हैं; हम अपने आनंद की अपेक्षा दूसरों से करते हैं।

एक सज्जन मेरे पास आए और बोले, "स्वामीजी, मैं मंदिर समुदाय को छोड़ने जा रहा हूँ।"

मैंने पूछा, "अपने आनंदित न रहने की वजह मुझे बताएँ।"

उन्होंने उत्तर दिया, "मैंने मंदिर की इतनी निस्स्वार्थ भाव से सेवा की, लेकिन कोई भी मुझे इसके लिए श्रेय नहीं देता।"

मैंने मन में सोचा, 'अगर तुम इतने ही निस्स्वार्थ थे तो तुमको किसी श्रेय की जरूरत नहीं पड़नी चाहिए थी। तुम्हारी चिढ़न ही इसलिए है, क्योंकि तुम्हारे भीतर स्वार्थ की अपेक्षाएँ थीं, जिसे तुम हासिल नहीं कर पाए हो।'

हमारा स्वार्थ तब भी मौजूद रहता है, जब हम परमात्मा से अपना मेल-जोल बढ़ाते हैं। अकसर लोग कहते हैं कि उन्होंने ईश्वर में विश्वास खो दिया है। वे कहते हैं, "हमने ईश्वर से एक ही चीज माँगी थी और उसने हमारी वह इच्छा भी पूरी नहीं की। इसलिए हमारा उस पर से विश्वास डिग गया है।"

उन लोगों ने ईश्वर से किसी चींज की अपेक्षा की थी। जब वह पूरी नहीं हुई तो वे निराश हो गए। उन्होंने अपनी भक्ति को वहीं रोक दिया, बगैर एक पल रुककर यह सोचे कि 'हो सकता है कि मेरी अपनी इच्छाएँ अपवित्र रही हों!' आखिरकार, **ईश्वर किसी रेस्टोरेंट का वेटर तो है नहीं कि हर बार जब भी हम घंटी बजाएँ, वह ऑर्डर नोट करने पहुँच जाए—'जी सर, मैं आपके लिए क्या कर सकता हूँ?'**

यहाँ समस्या ईश्वर के साथ नहीं, बल्कि हमारे खुद के रवैए के साथ है। सुपर मार्केट में उस तीन साल के बच्चे की तरह हम भी निराश हो उठते हैं, जब भी हमारी इच्छाएँ दरकिनार की जाती हैं। हमारा शरीर तो बड़ा हो जाता है। कहने के लिए हम भी समझदार हो जाते हैं, लेकिन भावनात्मक तौर पर हम बच्चे ही रह जाते हैं।

अब सुनिए सबसे चौंकाने वाले तथ्य के बारे में। इस भौतिक संसार में हर कोई स्वार्थी है; बस, अंतर ज्यादा और कम मात्रा का है। वेद कहते हैं—

न वा अरे सर्वस्य कामाय सर्वं प्रियं भवत्य आत्मनस तु कामाय सर्वं प्रियं भवति आत्मा वा अरे द्रष्टव्य: श्रोतव्यो मन्तव्यो निदिध्यासितव्यो मैत्रेयि।

(*बृहदारण्यक उपनिषद्*, 2.4.5)

इस वैदिक मंत्र में ऋषि याज्ञवल्क्य अपनी पत्नी मैत्रेयी को बताते हैं कि हर कोई दूसरे से प्रेम करता है, दूसरे के लिए नहीं, बल्कि अपने खुद के लिए।

सांसारिक संबंधों की वास्तविकता को समझते हुए हमें ईश्वर ध्यान, चिंतन व मनन करना चाहिए।

श्रीमद्‌भागवत में कहा गया है—

सर्वेषामपि भूतानां नृप स्वात्मैव वल्लभः
इतरेऽपत्यवित्ताद्यास् तद्‌वल्लभतयैव हि। (10.14.50)

'समस्त जीवित वस्तु, प्राणी खुद को सर्वप्रिय मानते हैं। अन्य—बच्चे, संपत्ति आदि—केवल स्वयं के लिए प्रिय लगते हैं।'

रामायण में कहा गया है—

सुर नर मुनि सब की यह रीती। स्वारथ लागि करहिं सब प्रीती॥

'देवता, मानव और पंडित—सबका स्वभाव एक समान होता है। जहाँ भी उनका स्वार्थ होता है, वे वहीं लगाव पैदा कर लेते हैं।'

हमारे स्वाभाविक अपवित्र स्वार्थ के पीछे वजह क्या है ? इसकी वजह यह है कि हम आत्माएँ ईश्वर के छोटे-छोटे अंश हैं, जो अनंत आनंद का महासागर है। चूँकि हर अंश अपने अंशी की ओर आकर्षित होता है, हम स्वाभाविक तौर से इस परमानंद से जुड़े हुए हैं। अतः हम जो कुछ भी करते हैं, वह अपने खुद के आनंद के लिए करते हैं और दूसरों की ओर भी इसी अपेक्षा से देखते हैं कि वे हमें आनंदित रखें।

हम इस स्वार्थपरता से तभी ऊपर उठ सकते हैं, जबकि दिव्य प्रेम के रहस्य को जान लें, सीख लें और उसका अभ्यास करें। आइए, उस रहस्य को समझें।

प्रेम, कामना और व्यापार

प्रेम मानवीय स्वभाव का सबसे मजबूत बल है। हम दूसरों से प्रेम हासिल करने की तलाश में रहते हैं, साथ ही हम दूसरों को प्रेम देने की भी इच्छा रखते हैं। लेकिन अगर सवाल पूछा जाए, "क्या आप जानते हैं कि प्रेम क्या है ?" कुछ ही लोग होंगे, जो इसका संतोषजनक उत्तर दे सकेंगे।

प्रेम को समझने के लिए हमें तीन चीजों की तुलना करनी पड़ेगी—1. प्रेम, 2. वासना और 3. व्यवसाय। प्रेम का विपरीत अर्थ होता है वासना और दोनों के बीच कहीं स्थित होता है व्यापार।

प्रेम : जहाँ हम देने, देने, देने की खोज में होते हैं, उसे 'प्रेम' कहते हैं। **किसी रिश्ते में जब हमारा लक्ष्य दूसरों की सेवा करना और आनंद प्रदान करने का होता है तो वह सच्चा प्रेम कहलाता है।** यह अत्यधिक विलक्षण और विशिष्ट चीज होती है। हम इसे दिव्य या 'ईश्वरीय प्रेम' भी कह सकते हैं।

वासना : जब हम लेना, लेना, लेना चाहते हैं तो वह कामना कहलाता है। हम आमतौर पर वासना को ऐंद्रिक सुख के तौर पर देखते हैं; लेकिन वैदिक ग्रंथ इसकी व्यापक परिभाषा देते हैं—एक रिश्ते में स्वार्थ से परिपूर्ण इरादा हो तो वह वासना होता है।

व्यापार : अगर हम परस्पर आदान-प्रदान करने में शामिल हो जाएँ, यानी देना और लेना, लेना और देना, तो यह व्यापार कहलाएगा। इस तरह का रिश्ता तब लेन-देन के जैसा हो जाएगा।

तीनों के बीच अंतर के बारे में जानकारी के साथ अब हम छठे दिव्य विधान पर आते हैं—

प्रेम का विधान

हमारा हृदय केवल सच्चे प्रेम से ही संतुष्ट हो सकता है, जो दूसरों के आनंद के लिए गहरा व श्रेष्ठ लगाव रखे और बदले में किसी तरह के व्यक्तिगत लाभ की इच्छा न रखे।

अपने विगत अनंत जीवन में हमने *काम* और *व्यापार* का अभ्यास किया, लेकिन कभी *प्रेम* का अभ्यास नहीं किया। यहाँ तक कि अगर हमने प्रेम दिया भी तो वह भी बदले में कुछ पाने की इच्छा के साथ ही प्रदान किया।

एक व्यक्ति को उसके मित्र ने अपनी बेटी के विवाह पर न्योता दिया। वह

इस खोज में जुट गया कि वह उन्हें क्या उपहार दे? उसने तय किया कि वह अपने मित्र को एक लाख रुपए देगा। अब आप कह सकते हैं, वह इतना उदार क्यों हुआ? क्या वह दानवीर कर्ण बन गया? वह उत्तर देगा कि उसकी भी तीन बेटियाँ हैं और उनका भी जल्दी ही विवाह होगा, इसलिए उसका मित्र भी मेरे दिए उपहार की बराबरी का ही उपहार देने की सोचेगा और इस तरह वह हर बार एक-एक लाख रुपए देगा!

आपने देखा कि हम सभी इसी फॉर्मूले पर चलते हैं। हम पहले सोचते हैं, 'इसमें मेरे लिए क्या है?' और तब हम दूसरे को देते हैं। अतः हमारे रिश्ते एक दुकानदार की ही भाँति लेन-देन पर आधारित हैं।

एक दुकानदार ने मुंबई के कोलाबा बाजार में घड़ी की एक दुकान खोली। सुबह वह अपनी दुकान साफ करता, घड़ियों को डिस्प्ले पैनल में सजाता और भगवान की मूर्ति के आगे अगरबत्ती जलाता। इसके बाद वह ग्राहकों का इंतजार करने के लिए बाहर बैठ जाता।

मान लें कि आप उसकी दुकान के पास से गुजर रहे हैं। वह आवाज देता है, "आइए, आइए...आइए।"

उसका इतना मृदु व्यवहार देखकर आप सोचते हैं कि यह तो बहुत अच्छा इंसान है। आप उससे पूछते हैं, "क्या आप मुझे बता सकते हैं कि कोलाबा में चप्पलों की दुकान कहाँ मिलेगी?"

चेहरे पर नाराजगी वाले हाव-भाव लाकर वह उत्तर देता है, "चप्पल की दुकान? क्या आपको नहीं दिखता कि यह घड़ी की दुकान है?"

"आपने सही कहा, लेकिन मुझे चप्पलें चाहिए। मैं पहली बार कोलाबा आया हूँ। कृपया मुझे किसी नजदीकी दुकान ढूँढ़ने में मदद करें।"

दुकानदार उत्तर देता है, "मेरे पास समय नहीं है। आगे बढ़ें।" सोचिए, दो मिनट पहले वह आप पर प्रेम उड़ेलने जैसा व्यवहार कर रहा था, लेकिन अचानक सब गायब हो गया!

अगर आपकी इच्छा उससे दोबारा प्रेम भरा व्यवहार पाने की हो तो भी मुश्किल नहीं होगी। आपको केवल इतना बोलने की जरूरत है, "घड़ियाँ!

ओह, मुझे एक कलाई घड़ी की भी जरूरत है। क्या आपके पास एच.एम.टी. ब्रांड है?"

वह फिर से आप पर प्रेम न्योछावर करने लगेगा, "हाँ, बिल्कुल है! आइए आइए··आइए।"

आप उसकी दुकान में जाते हैं। वह एक के बाद एक घड़ी दिखाने लगता है। आपके सामने बीस घड़ियाँ रख देता है। आप उससे कहते हैं, "इतनी सारी घड़ियाँ न निकालें। मुझे केवल एक ही चाहिए।"

तब वह पूरे सम्मान से उत्तर देता है, "मैडम, मैं तो आपका सेवक हूँ! अगर ये आपको पसंद न आई हों तो मैं इन्हें वापस रख दूँगा।"

वह किस तरह का सेवक है, यह अभी खुल जाएगा, जब आप उससे दाम पर चर्चा करेंगे। मोल-भाव आगे बढ़ता है; लेकिन जल्दी ही वह महसूस करता है कि उसे आपसे मुनाफा नहीं हो रहा है। एक बार फिर उसका जुड़ाव आपसे टूट जाता है, "अगर घड़ी आपके बजट में नहीं आ रही है तो आप जा सकती हैं।" इस तरह, उसका प्रेम एक बार फिर से गायब हो जाता है।

देखिए, उस दुकानदार का प्रेम किस तरह उसके स्वार्थ के आधार पर उतार-चढ़ाव से भरा हुआ था, जैसे किसी रोलर कोस्टर में होता है। दुर्भाग्य से, सभी संबंधों में यही चीज होती है। दिन में पाँच बार हम दूसरों को लेकर अपने फैसले बदलते हैं। उदाहरण के लिए, पति सोचता है, 'मेरी पत्नी कितनी अच्छी है', 'नहीं, वह केवल अच्छी है', 'दरअसल, वह बस साधारण सी है', 'दरअसल, मेरी पत्नी खराब है', 'नहीं, वह दुष्टा है!'

इस पति की अपनी पत्नी को लेकर राय इस कदर क्यों बदल रही है? इसके पीछे साधारण गणित है। जब वह महसूस करता है कि वह उसके स्वार्थ को पूरा कर रही है तो वह अच्छी है। जब वह यह पूर्व धारणा रखता है कि वह उसे आनंद नहीं दे रही है, लेकिन नुकसान भी नहीं कर रही है तो वह साधारण लगती है और जब वह यह सोचता है कि वह उसके स्वार्थ को नुकसान पहुँचा रही है तो वह खराब हो जाती है।

हम देखते हैं कि किस तरह हमारे प्रियजनों के प्रति हमारे मनोभाव ऊपर-नीचे होते रहते हैं। इसका मतलब यह है कि हम जिसे प्रेम मानते हैं, वह वास्तव में प्रेम नहीं होता। तब संबंधों में सच्चा प्रेम क्या होता है?

सच्चे प्रेम की परीक्षा

मानें या न मानें, सच्चे प्रेम की पहचान के लिए एक परीक्षण भी उपलब्ध है। क्या है वह? सच्चा प्रेम वह है कि जिसके नष्ट होने की पूरी वजह हो और फिर भी वह ज्यों-का-त्यों बना रहे।

ऋषि रूप गोस्वामी ने लिखा है—

सर्वथा ध्वंस रहितं सत्यपि ध्वंस कारणे
यद्भाव बंधनं यूनोः स प्रेमा परिकीर्तितः।

(*उज्ज्वल नीलमणि, श्लोक* 14.63)

'जहाँ प्रेम के नष्ट हो जाने के पर्याप्त कारण हों और फिर भी वह कम न हो, वही सच्चा प्रेम है।' इस सिलसिले में मैं आपको गहरे तक दिल को छूने वाली एक कहानी बताता हूँ, जो कि एक मेडिकल अटेंडेंट ने मुझे बताई थी।

एक सुबह करीब 9 बजे 80 साल के एक बुजुर्ग सज्जन अपने अँगूठे से टाँके कटवाने के छोटे से ऑपरेशन के लिए पहुँचे। उन्होंने मुझसे निवेदन किया कि जल्दी से यह टाँके हटा दूँ, क्योंकि पास के ही एक नर्सिंग होम में 9.30 बजे पहुँचना है।

जब मैं उनकी जरूरी जाँच कर रहा था तो मैंने पूछा कि क्या वहाँ भी आपने डॉक्टर से मिलने का समय तय किया हुआ है? उन्होंने उत्तर दिया कि वहाँ उन्हें अपनी पत्नी के साथ नाश्ता करना है।

मैंने उनकी पत्नी की सेहत के बारे में पूछा। उन्होंने बताया कि अल्जाइमर्स से पीड़ित होने के चलते वह पिछले तीन महीने से नर्सिंग होम में ही है।

मैंने पूछा कि अगर आप देर से पहुँचेंगे तो वह नाराज होंगी? उन्होंने कहा

कि पत्नी का अल्जाइमर्स बढ़ रहा है, इसलिए वह पिछले पाँच साल से उनको पहचानती भी नहीं हैं।

उनके उत्तर ने मुझे चौंका दिया। मैंने पूछा, "वह आपको पहचानतीं भी नहीं और फिर भी आप हर सुबह उनसे मिलने जाते हैं?"

वे मुसकराए और मेरे कंधे पर थपकी देते हुए बोले, "पचपन साल पहले मैंने उनके साथ एक वादा किया था। वह भले न जानती हों कि मैं कौन हूँ, लेकिन मैं तो जानता हूँ कि वह कौन हैं।"

अपनी पत्नी के लिए उस बूढ़े व्यक्ति के मन में कितना महान प्रेम था! यह पूरी तरह स्वीकार्यता, स्थिरता और बलिदान पर आधारित था। यही सच्चा प्रेम है, न कि आनंदमयी मौसमवाले दोस्तों का लगाव, जो कि मौसम के साथ आता और जाता है।

ऐसे शुद्ध प्रेम का आधार क्या है? इसके बारे में जानने के लिए अगले खंड को पढ़ना जारी रखें।

सेवा का भाव

सेवा का भाव सच्चे प्रेम का आधार होता है—दूसरों की मदद की इच्छा, दूसरों को लाभ पहुँचाना, बदले में किसी पुरस्कार की अपेक्षा न करना। असीसी के संत फ्रांसिस के लोकप्रिय कथन को मैं यहाँ प्रस्तुत करना चाहता हूँ—

ओ डिवाइन मास्टर देट आई मे नॉट सो मच सीक
टू बी कन्सोल्ड, एज टू कन्सोल
टू बी अंडरस्टुड, एज टू अंडरस्टेंड
टू बी लव्ड, एज टू लव
फॉर इट इज इन गिविंग देट वी रिसीव
इट इज इन पार्डनिंग देट वी आर पार्डनड
एंड इट इज इन डाइंग देट वी आर बौर्न टू एटर्नल लाइफ।

मानवीय रिश्ते एक तरह से जटिल मामले होते हैं, जिन्हें बरकरार रखने के लिए बलिदान, सामंजस्य और सूझ-बूझ की जरूरत होती है। **जब हम सेवा का भाव रखते हैं तो दूसरों की कमजोरी देखकर हमारा दिल नहीं टूटता, बल्कि हम इसे अपने कर्तव्य के तौर पर देखते हैं कि दूसरों को उनकी कमजोरी से उबारने में हमें मदद करनी चाहिए।** बदले में हम किसी चीज की अपेक्षा नहीं करते, क्योंकि असल प्रेमी के लिए प्रेम देने का अवसर अपने आप में पुरस्कार होता है।

यदि असल प्रेम का आधार सेवा का भाव है तो सेवा की इच्छा का आधार क्या है? यह हमारे स्पिरिचुअल कोशेंट (SQ) या स्पिरिचुअल इंटेलिजेंस (SI) के विकसित होने का स्वाभाविक परिणाम होता है।

मानव मनोविज्ञान के क्षेत्र में एस.क्यू. की अवधारणा अभी बहुत छोटी अवस्था में है। हाल-फिलहाल ही इसका जन्म हुआ है। वैज्ञानिक इस पर अब भी बहस कर रहे हैं कि यह है क्या? इस सिलसिले में मुझे जो श्रेष्ठ विश्लेषण समझ में आया, वह डानाह जौहर का है, जिसका उल्लेख उन्होंने अपनी पुस्तक *स्पिरिचुअल इंटेलिजेंस : द अल्टीमेट इंटेलिजेंस* में किया है।

स्पिरिचुअल इंटेलिजेंस के चार पहलू होते हैं—

1. **आत्म-चेतना कौशल :** यह आपकी आत्म-पहचान, आत्म-लक्ष्य और आत्मविश्लेषण के पहलुओं से संबंधित ज्ञान है। इसमें शामिल हैं—

- यह जागरूकता कि आप नश्वर शरीर मात्र नहीं, बल्कि नित्य आत्मा हैं।
- यह जागरूकता कि आपका निचला स्वभाव आपको नीचे खींचता है।
- यह जागरूकता कि आपका उच्च स्वभाव विकास की महत्त्वाकांक्षा रखता है।
- यह जागरूकता कि आपके जीवन का एक उद्देश्य है।
- अपने मूल्यों के पदानुक्रम के बारे में जागरूकता।

2. **सार्वभौमिक जागरूकता कौशल :** ब्रह्मांड में हर चीज के बीच संबंध देखने के लिए यही ज्ञान है। इसमें शामिल हैं—

- समस्त सृष्टि में आपसी जुड़ाव की जागरूकता।
- दूसरों की राय और विचारों के लिए सहानुभूति।
- आध्यात्मिक विधानों की चेतना, जो ब्रह्मांड को नियंत्रित करते हैं।

3. **आत्म-निपुणता कौशल :** यह व्यक्तिगत और व्यावसायिक जीवन में आध्यात्मिक ज्ञान को व्यवहार में लाने की क्षमता है। इसमें शामिल हैं—

- अपने आध्यात्मिक विकास के वादे पर काम करना।
- अपने उच्च आत्म को सक्रिय रखने का वादा।
- अपने मूल्यों और उद्देश्य के अनुसार जीना।

4. **सामाजिक और पेशेवर महारत कौशल :** यह हमारी क्षमता होती है, जो दूसरों के जीवन में सकारात्मक अंतर पैदा करती है। इसमें शामिल हैं—

- अपने पेशेवर कार्य के जरिए सेवा करना।
- अपने व्यक्तिगत संबंधों को सहेजना।
- अपनी सकारात्मक नेतृत्व क्षमता के जरिए सेवा करना।

आज के दौर में तमाम बौद्धिक विधान कहते हैं कि हम सभी के पास विभिन्न प्रकार की बुद्धि है। आइए, हम उस अनुक्रमिक तरीके को देखें, जिसमें जीवन के चरणों से गुजरते हुए हमारी बुद्धि के प्रमुख पहलू उभरने लगते हैं।

जन्म के बाद पहली बुद्धिमत्ता विकसित होती है, जिसे **फिजिकल इंटेलिजेंस (PQ)** कहते हैं। बैठना, खड़े होना, चलना, दौड़ना और हर तरह की शारीरिक गतिविधि के लिए अपने मस्कुलोस्केलेटल सिस्टम पर नियंत्रण जरूरी होता है। जैसे-जैसे PQ विकसित होता है, हम अपने भौतिक शरीर को सँभालने लग जाते हैं।

बुद्धिमत्ता का अगला दौर तब आता है, जब हम स्कूल जाना शुरू करते हैं। हमें समझने, विश्लेषण करने और तार्किक होने की जरूरत पड़ती है। इसमें **कॉग्निटिव इंटेलिजेंस (IQ)** की जरूरत होती है।

इसके बाद हम किशोरावस्था के दौर में पहुँचते हैं, जहाँ जीवन ज्यादा जटिल होता है। हमें अपनी भावनात्मक संवेदनाओं को समझने और व्यवस्थित करने की जरूरत होती है। इसके चलते हमारे **इमोशनल इंटेलिजेंस (EQ)** का विकास होता है। जिनका EQ ऊँचा होता है, वे जानते हैं कि वे क्या महसूस कर रहे हैं, उनकी भावनाओं का क्या मतलब है और कैसे ये भावनाएँ दूसरों को प्रभावित करती हैं।

लेकिन तब, जब हम युवावस्था में कदम रखते हैं, हम अपने जीवन के मायने और उद्देश्य तलाशने लगते हैं। इसके चलते हमारे **आध्यात्मिक कौशल (spiritual skills—SQ)** का विकास होता है। यह भिन्न लोगों में भिन्न स्तर पर विकसित होता है। अगर आध्यात्मिक बुद्धिमत्ता पनपना शुरू हो गई तो इससे हमें यह समझ में आने लगता है कि हम ब्रह्मांड से अलग नहीं हैं। हम सभी ईश्वर के अंश और ऊर्जा का अभिन्न हिस्सा हैं तथा हमारा कर्तव्य ईश्वर के छोटे अंश के तौर पर उसकी सेवा करना है।

हाथ का उदाहरण लें। यह शरीर का ही एक हिस्सा है और यह तमाम तरह से शरीर की सेवा करता है। यह चम्मच पकड़ता है और प्लेट से खाने को मुँह तक ले जाता है; पानी से भरे कप को होंठों तक ले जाता है और पीने तक पकड़े रहता है; यह शरीर को नहलाने के लिए उस पर साबुन व पानी लगाता है और ऐसे ही तमाम अन्य कार्य करता है।

अब मान लीजिए कि एक दिन हाथ सेवा करते हुए थक जाए और बोले, "मैं अब ऊब गया हूँ। सेवा करते-करते पचपन साल हो गए। अब मैं बहुत कर चुका। मुझे शरीर से अलग कर दें। इसके बाद मैं अपना जीवन अपने तरीके से जीऊँगा।"

क्या आपको लगता है कि हाथ अपने बल पर जिंदा रह पाएगा? यह मांस और हड्डी का महज एक लोथड़ा बनकर रह जाएगा और कुछ ही समय

में निस्तेज हो जाएगा। हाथ की संवैधानिक स्थिति शरीर की सेवा करनी थी, जिसका यह एक अभिन्न अंग था। ऐसा करने से इसका खुद का हित स्वत: ही पूरा हो गया। यह शरीर से जरूरी पोषक तत्त्व और पोषण प्राप्त कर रहा था।

इसी प्रकार, हम सब भी परम दिव्य व्यक्तित्व का नगण्य अंश हैं। वेदों में कहा गया है—

चिन्मात्रं श्री हरेरन्शं सूक्ष्ममक्षरमव्ययम्।

'आत्मा ईश्वर का एक हिस्सा है। यह संवेदनशील, सूक्ष्म, शाश्वत और अपरिवर्तनीय है।'

आध्यात्मिक ज्ञान हमें सिखाता है कि जैसे हाथ शरीर का एक हिस्सा है और यह उसकी वफादारी से सेवा करता है, भगवान के छोटे अंश के रूप में उसकी सेवा करना हमारा सहज स्वभाव है। ऐसा करने से हम स्वत: ही उस आनंद, प्रेम और ज्ञान को प्राप्त कर लेंगे जिसके लिए हमारी आत्मा अनंत काल से लालायित है।

अगर हम ईश्वर के प्रति अपनी सेवा के रवैए को दुरुस्त कर सकें तो हम जो भी कुछ करेंगे, उसे सेवा की भावना से करेंगे। यहाँ तक कि दूसरों के साथ अपने सभी संबंधपरक व्यवहार में हम एक ऐसे तरीके से व्यवहार करेंगे, जो हमारे प्रिय भगवान को आनंदित करेगा। यह रिश्तों में सेवा का रवैया विकसित करने का रहस्य है।

इसलिए, हमें पहले ईश्वर के लिए अपने प्रेम को परिपूर्ण बनाना चाहिए। केवल तभी हम अपनी सभी कार्य सेवाभाव से करेंगे। अत: इस अध्याय का बचा हुआ हिस्सा ईश्वर के प्रति सच्ची भक्ति के मायने को समर्पित है।

ईश्वर से व्यापार करना बंद करें

भक्ति के नाम पर ज्यादातर लोग ईश्वर के साथ व्यापार करते हैं। 'हे हनुमानजी! अगर आप मेरे बच्चे की सेहत ठीक कर देंगे तो मैं 5 किलो लड्डू चढ़ाऊँगा।'

'हे दुर्गा माँ! अगर मेरी बेटी का विवाह निश्चित हो गया तो मैं आपके मंदिर को एक पंखा दान दूँगा।' इस तरह की भावनाएँ भक्ति नहीं कहलातीं। ये महज व्यापार हैं।

एक व्यक्ति दूर-दराज के इलाके में समुद्र के किनारे-किनारे टहल रहा था। तभी उसने महसूस किया कि उसे तेज प्यास लगी है। उसके सामने पूरा समुद्र खुला पड़ा था, लेकिन वह उस पानी से अपनी प्यास नहीं बुझा सकता था, क्योंकि वह खारा था। तभी उस व्यक्ति की नजर नारियल के एक पेड़ पर पड़ी, जो फलों से लदा हुआ था। व्याकुल होकर वह उस पेड़ के तने पर चढ़ गया, जिसकी 100 फीट की ऊँचाई पर फल लगे हुए थे। उसने कुछ नारियल काटे और उन्हें नीचे गिरा दिया।

लेकिन जब वह नीचे उतरने लगा तो वह भयभीत हो गया। अपने नीचे देखने पर उसे महसूस हुआ कि अगर उसके पैर फिसले तो उसकी मृत्यु भी हो सकती है। पहाड़ों में भी चढ़ना आसान होता है, लेकिन नीचे उतरना एक दुष्कर काम होता है।

उस व्यक्ति ने प्रार्थना की, "हे सीता राम! जब मैं छोटा बच्चा था तो अपनी माँ के साथ अकसर आपके मंदिर जाता था। अगर आपने मुझे सुरक्षित नीचे उतारा तो मैं 100 ब्राह्मणों को भोजन कराऊँगा।" इस संकल्प के साथ वह धीरे-धीरे नीचे उतरने लगा।

जब वह आधा नीचे उतर आया और नीचे देखा तो और अधिक सुरक्षित महसूस करने लगा, तब उसने कहा, "सीता राम, मैं सौ तो नहीं, लेकिन पचास ब्राह्मणों को भोजन अवश्य कराऊँगा।"

जैसे-जैसे वह नीचे उतरता जाता, ब्राह्मणों की संख्या घटाता जाता और यह संख्या पहले पच्चीस, फिर बीस, फिर दस, पाँच, दो और अंत में एक पर आकर रुकी। अंततः जब वह जमीन पर पहुँच गया, तब उसने कहा, "सीता राम, मैंने वादा किया है कि मैं एक ब्राह्मण को भोजन अवश्य कराऊँगा, तो मैं खुद भी एक ब्राह्मण हूँ। मैं खुद को भोजन कराऊँगा और आप भी इससे आनंदित होंगे।"

यह रवैया भक्ति नहीं, बल्कि व्यापार है और ज्यादातर लोगों की भक्ति ऐसी ही है। 'हे भगवान वेंकटेश, अगर मेरा व्यवसाय सुधर गया तो मैं इसका 1 प्रतिशत आपको चढ़ाऊँगा।" 'हे भगवान अयप्पा! मेरा काम करा दीजिए और मैं आपके नाम पर इकतालीस दिन व्रत रखूँगा।', 'हे माँ वैष्णो देवी! मुझे एक बच्चे के रूप में आशीर्वाद दें, मैं आपको कढ़ाई वाली शॉल चढ़ाऊँगी।' ज्यादातर श्रद्धालु, जो चर्च, मसजिद, गुरुद्वारा या मंदिर जाते हैं, उनका रवैया कुछ-कुछ ऐसा ही होता है। वे ईश्वर के पास अपनी भौतिक इच्छाओं की पूर्ति के लिए जाते हैं।

इस तरह की भक्ति के साथ समस्या यह है कि मन पूरी तरह शुद्ध नहीं होता। मान लें कि एक श्रद्धालु लगातार चालीस दिनों तक इस प्रार्थना के साथ मंदिर जाता है, 'हे देवी माँ! मेरे बच्चे को ठीक कर दो।' गौर करें कि ऐसी भक्ति में क्या हो रहा है? श्रद्धालु का मन देवी माँ में नहीं लग रहा; वह अपने बच्चे में लगा हुआ है। देवी माँ महज एक जरिया हैं बच्चे को ठीक करने का। क्या हम इसे देवी माँ की भक्ति कह सकते हैं? बिल्कुल नहीं; यह बच्चे की भक्ति कही जाएगी, जो कि देवी माँ की देख-रेख में हो रही है। 'अगर वह मेरे बच्चे को ठीक नहीं कर सकतीं तो मुझे हनुमानजी के पास जाने दें। अगर उन्होंने बच्चे को ठीक नहीं किया तो मैं भगवान कृष्ण के पास जाऊँगी।' कुछ इस तरह से ऐसे श्रद्धालुओं का मनोविज्ञान काम करता है।

लोग अकसर मुझसे पूछते हैं, क्योंकि मैं दुनिया भर में यात्राएँ करता हूँ। "स्वामीजी, भारत में बड़े पैमाने पर धार्मिक कार्य होते हैं। करीब-करीब हर घर में ईश्वर की किसी-न-किसी तरह की पूजा होती है। तो ऐसा क्यों है कि इस भक्ति से वहाँ मौजूद भ्रष्टाचार दूर नहीं हो पा रहा है? लोगों के चरित्र में सकारात्मक बदलाव क्यों नहीं आ रहा है?'

अब इस प्रश्न का क्या उत्तर हो सकता है? इसका केवल एक ही उत्तर है। **ईश्वर के प्रति भक्ति के नाम पर जो दिखता है, वह दरअसल दुनिया के प्रति भक्ति है, क्योंकि हम ईश्वर के पास अपनी सांसारिक इच्छाओं की पूर्ति के लिए जाते हैं।**

ग्रंथों में ऐसी भक्ति को *सकाम* भक्ति के रूप में बताया गया है। अगर हम अपने मन को शुद्ध करने की मंशा रखते हैं और अपने सर्वश्रेष्ठ 'स्व' को जगाना चाहते हैं तो हमें *निष्काम* भक्ति सीखनी होगी, जिसमें हम ईश्वर से कुछ नहीं माँगते। समस्त वैदिक ग्रंथों का यह निर्देश है और मैं कुछ श्लोकों से इसे बताऊँगा भी।

श्रीमद्‌भागवत में कहा गया है—

लक्षणं भक्ति-योगस्य निर्गुणस्य ह्युदाहृतम्।
अहैतुकी अव्यवहिता या भक्तिः पुरुषोत्तमे॥ (3.29.12)

'परम दिव्य व्यक्तित्व के प्रति भक्ति सांसारिक इच्छाओं से अछूती रहनी चाहिए। यह बगैर किसी व्यवधान के होनी चाहिए और बगैर किसी पुरस्कार की इच्छा किए हुए होनी चाहिए।'

भक्ति रसामृत सिंधु में भी मिलता-जुलता कहा गया है—

अन्याभिलाषिता-शून्यं ज्ञान-कर्मादि-अनावृतम्
आनुकूल्येन कृष्णानु-शीलनं भक्तिर् उत्तमा (1.1.11)

'परमात्मा से भक्ति में सकारात्मक प्रेम भावों और बगैर भौतिक लाभ की इच्छा के साथ जुड़ें। ऐसी भक्ति दार्शनिक अनुमान और फलदायी गतिविधियों से मुक्त रहनी चाहिए।'

नारद भक्ति दर्शन भी कहता है—

गुणरहितं कामनारहितं प्रतिक्षण वर्धमानम्।
अविच्छिन्नं सूक्ष्मतरमनुभवरूपम्। (सूत्र 54)

'प्रेम तीन प्रकार के मायिक गुणों से परे होता है, सभी सांसारिक कामनाओं से रहित होता है, प्रत्येक क्षण बढ़ता जाता है और निरंतर बना रहता है। यह सूक्ष्मतम से भी सूक्ष्म होता है और एक अनुभव के रूप में होता है।'

चैतन्य महाप्रभु ने बेहद मजबूती के साथ कहा है—

कामेरा तात्पर्य निज संभोग केवल
कृष्णसुखतात्पर्यमात्र प्रेम ताऽप्रबल
अतएव काम प्रेमे बहुत अंतर
काम—अंध-तमः, प्रेम—निर्मल भास्कर।

(*चैतन्य चरितामृत, आदि लीला,* 4.166 और 171)

'जहाँ इच्छा केवल आत्म प्रसन्नता के लिए हो, वह वासना है; जहाँ इच्छा भगवान कृष्ण की प्रसन्नता की हो, वह प्रेम है। **वासना अंधकार समान है, जबकि प्रेम सूर्य की भाँति शुद्ध है।'**

ऊपर के समस्त श्लोक बताते हैं कि भक्ति निस्स्वार्थ भाव से होनी चाहिए, यानी भौतिक पुरस्कारों की कामना से मुक्त। आइए, अब देखते हैं कि ईश्वर के प्रति शुद्ध भक्ति कैसी होती है!

भक्ति से ईश्वर की सेवा

सच्ची भक्ति वह है, जो ईश्वर के आनंद के लिए की जाए। हमारे पास चाहे जो कुछ भी हो, ईश्वर की प्रसन्न्ता के लिए सेवा ही लक्ष्य होता है। इसके लिए **हमारे भीतर पूरा विश्वास होना चाहिए कि ईश्वर को देने में हम कभी असफल नहीं होंगे।**

रवींद्रनाथ टैगोर को सन् 1913 में उनकी साहित्यिक रचना *गीतांजलि* के लिए साहित्य का 'नोबेल पुरस्कार' मिला था। उस पद्य-संग्रह में मुझे जो सबसे प्रिय कविता लगी, मैं उससे अपनी बात को जोड़ना चाहता हूँ।

एक भिखारी था, जो अभाव से भरे अपने कठोर जीवन से तंग आ चुका था। एक दिन वह अपनी गरीबी से भरे अस्तित्व को लेकर भुनभुना रहा था। तभी उसने कुछ दूरी पर राजाओं के राजा का रथ देखा।

भिखारी अपने अच्छे भाग्य पर रोमांचित हो उठा। वह दिन में ही सपने देखने लगा, 'मैं राजाओं के राजा को देख रहा हूँ! यह मेरा भागयशाली दिन है। यह संभव है कि राजा का रथ मेरी ही दिशा में मुड़ जाए! तब हो सकता है कि

राजाओं के राजा आएँ और मुझसे मिलें। संभव है कि वह ये कहें, 'भिक्षुक, बताओ, तुमको क्या चाहिए?' तब मैं कहूँगा, 'मुझे ये··ये··ये··चाहिए।' वह उन चीजों की सूची बनाने में जुट गया।

वह दिन वाकई उसके लिए भाग्यशाली साबित हो गया। राजा का रथ उसकी ही ओर मुड़ा और उसके सामने जाकर रुका। भिखारी को विश्वास नहीं हुआ कि यह सब क्या हो रहा है? लेकिन मामला यहीं खत्म नहीं हुआ। राजाओं के राजा अपने रथ से उतरे और उसके सामने खड़े हो गए।

भिखारी ने सोचा, 'यह सच कितना अच्छा है! क्या मैं सपना देख रहा हूँ?' उसने खुद को चिकोटी काटी और महसूस किया कि नहीं, वह सपना नहीं देख रहा है। फिर उसने अपनी आँखें बंद कर लीं और जल्दी-जल्दी वह सूची याद करने लगा, जिसे वह अपने भगवान के सामने रख सकता।

तब उसने उन अनुकूल पलों को देखने के लिए अपनी आँखें खोलीं; लेकिन उसने जो देखा, उससे वह स्तब्ध रह गया। राजाओं के राजा ने उसके आगे अपना हाथ फैला दिया और बेहद प्रेम भरे तथा करुणामयी स्वर में बोले, "हे भिक्षुक! क्या ऐसा कुछ है, जो आप मुझे दे सकते हैं?"

भिखारी कुछ समझ पाने में विफल रहा। अति भ्रम की स्थिति में वह कुछ बेहतर नहीं सोच पाया। उसने अपने कपड़े के थैले में हाथ डाला तो उसमें गेहूँ के दाने थे। उसने एक गेहूँ का दाना राजा के हाथ में रख दिया। राजा ने वे गेहूँ लिये और लौट गए।

भिखारी अपने घर लौट आया। जो उसके साथ घटित हुआ था, उससे वह ठगा-सा महसूस कर रहा था। वह अमृत के महासागर के करीब था और फिर भी प्यासा रह गया। अब उसके पास जो थोड़ा सा अनाज बचा था, वह भी गँवा चुका था।

तथापि जब वह अपनी झोंपड़ी पर वापस लौटा तो उसे एक दूसरा ही आश्चर्य देखने को मिला। उसके थैले में एक सोने का दाना निकला। अब भिखारी की समझ में आया कि उसने राजा को जो एक गेहूँ का दाना दिया था, उसके बदले उसे सोने का एक दाना मिला था। राजा का माँगना ही उसे बदले

में देने का तरीका था।

अब उसने अपनी बुद्धि को कोसना शुरू किया, 'हे भगवान! मैंने मौका गँवा दिया। अगर आज मैंने अपना सब कुछ दे दिया होता तो हर चीज सोने में बदल जाती। कंजूसी दिखाकर मैंने अपना ही नुकसान किया।'

इस कहानी का सबक यही है कि भले ही हमारा लक्ष्य ईश्वर से कुछ पाने का हो, हम उतना ही पाते हैं, जितना हम देते हैं हैं। हिंदी में एक कहावत है—*बिन माँगे मोती मिले, माँगे मिले न भीख।* **'माँगने पर आपको कुछ नहीं मिलता और बिना माँगे आपको बहुमूल्य रत्न मिल जाते हैं।'**

ईश्वर का ऐसा ही विधान है। इसलिए हमारी भावनाएँ यह होनी चाहिए—'यह न सोचो कि ईश्वर ने तुम्हारे लिए क्या किया है; बल्कि यह सोचो कि तुम ईश्वर के लिए क्या कर सकते हो?' सेवा का भाव यही है।

लेकिन नन्ही आत्मा उस अनंत ईश्वर को भला क्या सेवा प्रदान कर सकती है? यह एक स्वाभाविक-सा प्रश्न है। इसका उत्तर निम्नलिखित उदाहरण से समझें।

एक बच्चा अपने पिता के पास पहुँचा और बोला, "पापा, मुझे दस रुपए दे दें।"

पिता ने पूछा, "उसका क्या करोगे, बेटा?"

"मुझे चाहिए। प्लीज··प्लीज··प्लीज।"

पिता ने कहा, "तुम बहुत उपद्रवी हो।" बहरहाल, उन्होंने बच्चे को दस रुपए दे दिए।

बच्चा पैसे लेकर बाजार गया और एक चॉकलेट लेकर लौटा। उसने अपने पिता को चॉकलेट देते हुए कहा, "आज आपका जन्मदिन है, पापा। शुभकामनाएँ!"

पिता यह देख रोमांचित हो उठा।

अब उस बेटे ने क्या किया? जिस पैसे से उसने चॉकलेट खरीदी, वह

उसका नहीं था; उसने अपने पिता से ही पैसा लिया था। ऐसा भी हो सकता था कि पिता स्वयं उसके साथ बाजार जाते और चॉकलेट खरीदते। लेकिन पिता को चॉकलेट देने में बच्चे ने अपने प्रेम को प्रदर्शित किया।

इसी प्रकार, हमारे पास जो कुछ भी है, ईश्वर का ही है; पूरा विश्व ही उनका है। **लेकिन अपने शरीर, मन और संपत्ति से उनकी सेवा करके हम उनके प्रति अपना प्रेम प्रदर्शित करते हैं। ऐसी प्रिय सेवा भक्ति का हृदय है और हमें ईश्वर का प्रिय बनाती है।**

अनंत जीवन में हम उनके आगे भिक्षुक ही बने रहे। अब हमें इसे रोक देना चाहिए और उनके प्रति अपने सच्चे प्रेम की अभिव्यक्ति के तौर पर उन्हें कुछ अर्पित करना सीखना चाहिए। जब ईश्वर देखेगा, 'यह आत्मा अपना सब कुछ मुझे अर्पित कर रही है और बदले में मुझसे कोई अपेक्षा नहीं कर रही है', तब ईश्वर भी अपना सब कुछ अपने भक्त को दे देता है। दरअसल, तब ईश्वर उस हद तक चला जाता है, जहाँ वह अपने भक्त का सेवक बन जाता है।

हम ग्रंथों में पढ़ते हैं कि ईश्वर अपने भक्तों के प्रेम के पाश में बँध जाते हैं। यह वही शुद्ध निस्स्वार्थ प्रेम की भावना होती है, जो उन्हें जोड़ लेती है। श्रीमद्‌भागवत में कहा गया है—

अहं भक्तपराधीनो ह्यस्वतंत्र इव द्विज।
साधुभिर् ग्रस्त-हृदयो भक्तैर्भक्तजनप्रिय:॥ (9.4.63)

'मैं स्वतंत्र नहीं हूँ; मैं अपने भक्तों के आधीन हूँ। चूँकि वे सांसारिक इच्छाओं से परे होते हैं, इसलिए मैं उनके हृदय की गहराइयों में रहता हूँ। यहाँ तक कि मेरे भक्तों के भक्त भी मुझे प्रिय हैं।'

निष्कर्ष यह है कि जब हम शुद्ध प्रेमभाव से परम दिव्य व्यक्तित्व की पूजा करते हैं तो हमारा हृदय साफ और सच्चे तौर पर संतुष्ट हो जाता है। हर बार आमना-सामना होने पर हमारे मन में सबसे पहला विचार यही आता है कि 'मैं कुछ ऐसा करूँ कि ईश्वर को अच्छा लगे।' और तब, हम अपनी समस्त सामाजिक, व्यावसायिक और पारिवारिक गतिविधियों को प्रेम के भाव से भरकर

करने का नजरिया विकसित कर लेते हैं।

पिछले छह अध्यायों के अनुक्रम को इस प्रकार चरणबद्ध तरीके से तैयार किया गया था जिससे कि हमारे सर्वोत्तम व्यक्तित्व को जगाने के लिए हमें जिस ज्ञान की आवश्यकता है, उसे ग्रहण करने में हमें मदद मिले। अगले विषय को अंत में रखा गया है; लेकिन यह इतना महत्त्वपूर्ण है कि पूरी यात्रा के दौरान अपने सर्वश्रेष्ठ व्यक्तित्व को प्रकट करने के लिए हमें इसकी आवश्यकता है।

मुख्य बिंदु

- सुखी और सफल जीवन के लिए हमें सकारात्मकता एवं परिपक्वता के साथ विभिन्न प्रकार के सामाजिक व पारिवारिक संपर्क-सूत्र स्थापित करने की आवश्यकता है।
- अपेक्षाएँ संबंधों को बरबाद करती हैं। हम चाहते हैं कि दूसरे लोग निश्चित तरीकों से काम करें और जब वे नहीं करते हैं तो हम परेशान हो जाते हैं।
- सच्चा प्रेम वह है, जहाँ एक रिश्ते में हमारा लक्ष्य दूसरे की सेवा करना और आनंद देना होता है।
- सेवा का भाव ही सच्चे प्रेम की नींव है—बदले में किसी भी पुरस्कार की माँग किए बिना दूसरे को लाभान्वित करने की इच्छा।
- सेवा के दृष्टिकोण को विकसित करने के लिए हमें पहले भगवान के प्रति अपने प्रेम को परिपूर्ण करना चाहिए।
- ज्यादातर लोग भक्ति के नाम पर व्यापार करते हैं। सच्ची भक्ति वह है, जहाँ हम केवल ईश्वर का आनंद चाहते हैं।
- भगवान उन भक्तों के दास बन जाते हैं, जो उनसे निस्स्वार्थ प्रेम करते हैं और वह उन्हें अपना सब कुछ दे देते हैं।

□

7

मार्गदर्शन का विधान

पेशेवर काम में या आध्यात्मिक विकास में परिणाम न केवल कड़ी मेहनत पर, बल्कि स्मार्ट काम पर भी निर्भर करते हैं। यह वह जगह है, जहाँ मार्गदर्शक अमूल्य हो जाते हैं। हम उनसे उचित मार्गदर्शन प्राप्त करते हैं, जो अन्यथा आसानी से सुलभ नहीं है। अच्छे गुरु हमें अनगिनत गलतियों और अँधेरे में वर्षों की लड़खड़ाहट से बचा सकते हैं।

सर आइजक न्यूटन ने पाया था कि गुरु ने ही उनके नजरिए को विकसित किया और उन्हें महान ऊँचाइयाँ प्राप्त करने में सक्षम बनाया। उन्होंने कहा था, "अगर मैं दूसरों की तुलना में ज्यादा दूर तक देख पाया तो यह केवल इस वजह से संभव हो सका कि मुझे महान गुरुओं के कंधों का सहारा मिला।'

मार्गदर्शन के सिलसिले में मैं आपसे कुछ दिलचस्प आँकड़े साझा करता हूँ।

- जिन कर्मचारियों को मार्गदर्शन मिला, उन्हें मार्गदर्शक न पाने वालों की तुलना में पाँच गुना अधिक पदोन्नति हासिल हुई।
  (स्रोत : गार्टनर, 2006)
- फॉर्च्यून 500 संस्थाओं का इकहत्तर प्रतिशत मार्गदर्शन कार्यक्रमों में निवेश करते हैं, क्योंकि वे ऐसा करना उचित या पैसा-वसूल मानते हैं।
  (स्रोत : सेंटर फॉर वर्कप्लेस लीडरशिप, 2016)
- पचहत्तर प्रतिशत कार्यकारी अधिकारियों से यह पूछने पर कि उनके कॅरियर को ऊँचाई प्रदान करने में किसकी महत्त्वपूर्ण भूमिका है तो

उन्होंने मार्गदर्शन की महत्त्वपूर्ण भूमिका बताई।
(स्रोत : अमेरिकन सोसाइटी फॉर ट्रेनिंग एंड डेवलपमेंट)

- मार्गदर्शन का लाभ उठाने वाले पंचानबे प्रतिशत लोगों ने कहा कि इस अनुभव ने उनको अपना सर्वश्रेष्ठ प्रदर्शन करने के लिए प्रेरित किया। (स्रोत : एड माइकल्स, हेलेन हैंडफील्ड-जोन्स और बेथ एक्सलरॉड की 'द वॉर फॉर टैलेंट'।)
- मार्गदर्शन का लाभ पाने वाले चौरासी प्रतिशत लोगों ने कहा कि गुरुओं के चलते महँगी पड़ सकने वाली गलतियों से बचने में मदद मिली। (स्रोत : 'हार्वर्ड बिजनेस रिव्यू', 2015)

आधुनिक विश्व में मार्गदर्शन की कीमत लगातार सराही जा रही है। इसलिए इस विषय को व्यक्तिगत विकास और पेशेवर सफलता—दोनों के लिए गहराई से समझना जरूरी है।

मार्गदर्शक कौन है ?

मार्गदर्शक को ग्रीक भाषा में 'मेंटर' कहते हैं, जिसका अर्थ होता है—बुद्धिमान और भरोसेमंद सलाहकार। ओडिसी नामक महाकाव्य में राजा ओडिसस के मार्गदर्शक निष्ठावान व भरोसेमंद सलाहकार होते थे। राजा जब दूर रहता था, तब मार्गदर्शक ही राजकुमार टेलेमाकस के शिक्षक होते थे, जो एक कोच, सलाहकार और रक्षक के रूप में स्नेह और विश्वास के संबंध बनाकर शिक्षा देते थे।

समय के साथ यह शब्द दुनिया भर में लोकप्रिय हो गया। इससे मिलते-जुलते शब्द विभिन्न संस्कृतियों और भाषाओं में इस्तेमाल होने लगे। आपके हित में मैं कुछ शब्दों को साझा भी कर रहा हूँ।

मार्गदर्शक को ग्रीक में 'मेंटर' कहा जाता है, यानी—एक बुद्धिमान व्यक्ति, जो कि एक भरोसेमंद सलाहकार, मित्र और शिक्षक भी हो।

जापानियों और चीनियों के बीच 'सेंसेई' पद एक आदर-सूचक शब्द है, जिसे मार्शल आर्ट्स शिक्षकों के लिए प्रयोग किया जाता है। इस शब्द का अर्थ है—'पहले आने वाला व्यक्ति'।

तिब्बत में 'लामा' एक दयालु और स्नेहशील धम्म (धर्म) शिक्षक को कहते हैं, जो ज्ञान की राह पर ले जाता है। दलाई लामा तिब्बती बौद्ध धर्म के 'सर्वोच्च पदस्थ शिक्षक' हैं।

इटली के लोग संगीत शिक्षक के लिए 'माएस्त्रो' शब्द का प्रयोग करते हैं। यह माएस्त्रो दि कैपेला का छोटा रूप है जिसका अर्थ है गिरिजाघर का शिक्षक।

फ्रेंच लोग निजी शिक्षक, प्रशिक्षक और शुभचिंतक के लिए 'ट्यूटर' शब्द का प्रयोग करते हैं।

अंग्रेजी शब्द 'गाइड' तो स्वयं विस्तारित है। इसे उस व्यक्ति के लिए प्रयोग किया जाता है, जो तरीके जानता है और राह दिखाता है। यह शब्द देखने और दिखाने की क्षमता को दर्शाता है।

अमेरिका में 'कोच' शब्द को ज्यादा लोकप्रियता हासिल हो रही है। चार सौ साल पहले घोड़ागाड़ी में बने केबिन को 'कोच' कहते थे, जिसका इस्तेमाल लोगों को एक जगह से दूसरी जगह ले जाने के लिए किया जाता था। अब इस शब्द का प्रयोग व्यक्तिगत शिक्षक और प्रशिक्षक के लिए किया जाता है, जो हमें जीवन में आगे लेकर जाता है।

भारत में हजारों वर्षों से उस व्यक्ति के लिए 'गुरु' शब्द का प्रयोग करते हैं, जिसके पास ज्ञान हो, समझदारी हो और जो सिद्धहस्त हो तथा जो दूसरों का मार्गदर्शन करता है। *अद्‌वयतारक उपनिषद* कहता है—

गुशब्दस्त्वंधकार: स्यात् रुशब्दस्तन्निरोधक: ।
अन्धकारनिरोधित्वात गुरुरित्यभिधीयते॥ (श्लोक 16)

शब्दांश 'गु' का अर्थ होता है—अंधकार और 'रु' का अर्थ होता है—दूर करने वाला। अत: जो हमारे अंधकार को दूर करे और हमें ज्ञान के प्रकाश में ले आए, उसे 'गुरु' कहते हैं।

संस्कृत में 'गुरु' शब्द का एक और आशय होता है—वह, जो भारी हो या ज्ञान की गहराई के चलते प्रकांड विद्वान हो।

मार्गदर्शक की जरूरत

चाहे वह पेशेवर कॅरियर, खेल की उपलब्धियाँ, संगीत में उत्कृष्टता या मानव प्रयास का कोई भी अन्य क्षेत्र हो, गुरुओं के लाभ अपार हैं। यहाँ कुछ व्यापक रूप से स्वीकृत कारणों के बारे में बताया गया है कि हमें गुरु की आवश्यकता क्यों है—

1. **गुरु हमें अपने व्यक्तिगत अनुभव की समृद्धि से विशुद्ध और विश्वसनीय ज्ञान प्रदान करते हैं।** अपने आप से हमें शायद उस ज्ञान के लिए सफलता और असफलता से सीखते हुए दशकों तक संघर्ष करना पड़े; लेकिन गुरुओं की मदद से हमें बिना किसी परिश्रम के अमूल्य ज्ञान प्राप्त करने में आसानी होती है।
2. **गुरु हमारे आदर्श होते हैं।** सेना के जनरल आदर्श का महत्त्व जानते हैं। उनकी बहादुरी की कहानियाँ दूसरों के लिए प्रेरणा-स्रोत बनती हैं, जिससे बाकी लोग उनका अनुकरण करते हैं। मॉडलिंग को व्यापक रूप से कौशल, व्यक्तित्व और चरित्र विकसित करने के सशक्त तरीके के तौर पर इस्तेमाल किया जाता है।
3. **गुरु हमें व्यक्तिगत कोचिंग प्रदान करते हैं।** वे हमारी ताकत एवं कमजोरियों तक आसानी से पहुँच सकते हैं और परिणामस्वरूप उन क्षेत्रों में हमें काम करने के लिए कहते हैं, जहाँ सुधार की गुंजाइश होती है। फिल्मकार जॉर्ज लुकास ने यह गौर किया था कि गुरुओं में हमारी कमियों को देखने का अलग तरीका होता है, जो हम स्वयं नहीं कर सकते। वह हमारे बढ़ने का एकमात्र तरीका होता है।
4. **गुरु हमारे भीतर उत्साह और उम्मीद भरते हैं।** सिद्धि का मार्ग कभी आसान नहीं होता और अगर यह पूरी तरह हम पर ही छोड़ दिया जाए तो हम आसानी से बाधाओं के आगे हार मान लें। किंतु यदि हमें किसी विशेषज्ञ से नैतिक समर्थन और सहानुभूति मिलती रहे तो यह हमारे लिए सपोर्ट सिस्टम बन जाती है। गुरु हमें सफलता के लिए उम्मीदों

से युक्त करते हैं और हमारी सफलता उन्हें वैसे ही नजर आती है, जैसे अँधेरी सुरंग के दूसरे छोर पर प्रकाश नजर आता है।

5. **गुरु अनुशासनप्रिय होते हैं।** वे हमें उन सीमाओं को देखने में मदद करते हैं, जो हम स्वयं के लिए स्थापित नहीं कर सकते। संत कबीर ने कहा था—

   गुरु कुम्हार शिष कुंभ है, गढ़ि-गढ़ि काढ़ै खोट।
   अंतर हाथ सहार दै, बाहर बाहै चोट॥

   'गुरु कुम्हार की भाँति होता है, जबकि शिष्य मिट्टी के बरतन के समान। शिष्य की तमाम कमियों को दूर करने के लिए गुरु बाहर से तो कठोर सलाह देता है, सख्ती बरतता है; लेकिन कुम्हार की भाँति भीतर से उसे सहारा भी दिए रहता है।'

6. **गुरु हमें हमारे योग्य लक्ष्य निर्धारित करने में मदद करते हैं।** वे हमें पिछली उपलब्धियों से आत्मसंतुष्ट नहीं होने देते। वे हमें हमारे स्तर को और ऊँचा उठाने की चुनौती देते हैं, ताकि हम जीवन में और भी ऊँची सफलता हासिल करें।

अब समय है सातवें दिव्य विधान को बताने का।

मार्गदर्शन का विधान

किसी भी क्षेत्र में एक अच्छा गुरु होने से हमें लक्ष्य निर्धारित करने, सीखने के चित्रात्मक अभिलेख (ग्राफिकल रिकॉर्ड) को छोटा करने, प्रोत्साहन प्राप्त करने, ध्यान केंद्रित रखने, नुकसान से बचने और बहुत कुछ करने में मदद मिलती है।

एक गुरु की तलाश करना कमजोरी का संकेत नहीं है; इसके विपरीत, यह दिखाता है कि आप बुद्धिमान हैं और मार्ग पर सफल होने के लिए पर्याप्त प्रेरित हैं। अमेरिकी संवाददाता, जॉन क्रॉस्बी ने इसे अच्छी तरह से अभिव्यक्त किया

है—'मेंटरिंग, यानी चुनने के लिए एक मस्तिष्क, सुनने के लिए एक कान और सही दिशा में एक प्रयास है।'

एक अच्छे गुरु की विशेषताएँ

सिर्फ इसलिए कि गुरुओं के सान्निध्य में अपार लाभ हैं, इसका यह अर्थ नहीं है कि हमें किसी को भी और हर किसी को गुरु मानने के लिए होड़ में लग जाना चाहिए। मुझे एक किस्सा याद आ रहा है।

दो भिखारी एक पार्क में बेंच पर अगल-बगल बैठे हुए थे। उनके कपड़े फटे हुए थे, चेहरे अस्त-व्यस्त थे, जूते उखड़े हुए थे और पेट खाली थे।

पहला भिखारी दूसरे से पूछता है, "जीवन में तुम्हारी विफलता की क्या वजह रही?"

दूसरे ने उत्तर दिया, "मैंने किसी की भी अच्छी सलाह नहीं मानी।" फिर वह पहलेवाले से पूछता है, "जीवन में तुम्हारे चूकने की क्या वजह रही?"

पहले भिखारी ने उत्तर दिया, "मैंने हर किसी की सलाह पर गौर किया।'

ढेर सारे सलाहकार होना या बिल्कुल भी न होना—दोनों ही स्थितियाँ खतरनाक होती हैं। इसके लिए हिंदी में एक लोकप्रिय कहावत है—*पानी पियो छान के, गुरु बनाओ जान के*। पानी हमेशा छानने के बाद पियो और गुरु केवल आकलन के बाद ही बनाओ।

नीचे कुछ लक्षणों का जिक्र है, जिन पर हमें किसी को अपना गुरु बनाने से पहले जरूर गौर करना चाहिए—

1. ***एक अच्छा गुरु एक विशेषज्ञ है।*** यह एक सीधा-सपाट तर्क है। अगर आप संगीत सीखना चाहते हैं तो आप विशेषज्ञ संगीतज्ञ के पास जाकर उनसे सीखेंगे। अगर आप कला सीखना चाहते हैं तो आप अच्छा कलाकार तलाशेंगे, जो आपका मार्गदर्शन कर सके। उसी प्रकार, गुरु तभी सहायक साबित होंगे, जब वे विश्वसनीय हों और उस ज्ञान के विशेषज्ञ हों जो अनुभव के साथ परिपक्व हो गया हो।

2. ***एक अच्छा गुरु आदर्श बनकर नेतृत्व करता है।*** हम उन लोगों जैसा बनने की चाह रखते हैं, जिन्हें हम गहराई से पसंद करते हैं। नतीजतन, हमारे सलाहकार भी रोल मॉडल की तरह होने चाहिए, जिनका अनुकरण करने के लिए हम प्रेरित हो सकें। अत: हमें अपने व्यक्तिगत ट्यूटर में ज्ञान, कौशल और अनुकरण के योग्य चरित्र के गुण देखने चाहिए।
3. ***एक मददगार गुरु वही है, जो हमेशा उपलब्ध हो।*** व्यक्तिगत सलाह और काउंसलिंग के लिए हमें ट्यूटर की जरूरत होती है। उदाहरण के लिए, मान लें कि आप कॉरपोरेट जगत में प्रवेश पाने वाले हैं और उम्मीद करते हैं कि संगठन में कोई वरिष्ठ आपको सिखाए व बताए। अब कंपनी में सबसे ज्यादा जानकार तो कंपनी का सी.ई.ओ. ही होगा। लेकिन अगर आपकी उस तक पहुँच नहीं है तो इससे क्या हासिल होने वाला है?
4. ***एक भरोसेमंद गुरु अपने अनुभव से साबित करता है।*** जैसा कि चीन में एक कहावत है—'रास्ता जानने के लिए उन लोगों से पूछो, जो वापस आ रहे हों।' चूँकि वे वहाँ जा चुके हैं और उन्होंने वह काम किया हैं, अत: हम उनकी सलाह और ज्ञान पर भरोसा कर सकते हैं।
5. ***एक अच्छा गुरु मित्रवत एवं सहयोगी प्रकृति का होता है।*** मार्केटिंग के क्षेत्र में शोध यह बताते हैं कि सर्वाधिक प्रभावशाली सेल्स के लोग वे होते हैं, जो केवल सामान ही नहीं बेचने का प्रयास करते हैं वरन उस सामान के माध्यम से ग्राहकों की समस्याओं का समाधान निकालने में सहायता करते हैं। ग्राहक यह भाँपने में सक्षम होते हैं कि कौन भरोसे के लायक है और कौन नहीं! वे पकड़ लेते हैं, 'इस आदमी पर भरोसा किया जा सकता है। यह केवल अपना व्यक्तिगत एजेंडा साधने के लिए ही मौजूद नहीं है।'

इसी प्रकार, गुरुओं से सहायता लेने के क्रम में हमारे मन में ज्वलंत प्रश्न यह होना चाहिए—'क्या आप मेरी फिक्र करते हैं?' हमें अपने शिक्षक में प्रेम,

देखभाल और लगाव के गुणों को जरूर परखना चाहिए।

अभी तक हमने उन गुणों की चर्चा की जो हम किसी भी क्षेत्र के उचित मार्गदर्शक में खोजते हैं। अब हम आध्यात्मिक क्षेत्र के मार्गदर्शकों के विषय में और गहराई से विचार करते हैं क्योंकि इस पुस्तक का उद्देश्य हमारी आंतरिक उन्नति में सहायता करना है।

आध्यात्मिक गुरु की जरूरत

भौतिक तलाश में तो हमने गुरु बनाने के असंख्य लाभ देख लिये। आध्यात्मिक प्रगति के लिए भी 'गुरु' उतने ही लाभकारी हैं। ग्रंथों और संतों ने तो हमारे सर्वश्रेष्ठ 'स्व' की चेतना के लिए गुरु को अनिवार्य घोषित किया है।

जगद्गुरु शंकराचार्य कहते हैं—

यावत् गुरुर्न कर्तव्यो तावनमुक्तिर्न लभ्यते
तस्मात् गुरुश्च कर्तव्यो गुरुं बिना न सिध्यति।

'जब तक व्यक्ति गुरु की शरण नहीं लेता, उसे सिद्धि प्राप्त नहीं हो सकती। अत: गुरु के आगे समर्पण करो, जिसके बिना तुम उत्कृष्टता हासिल नहीं कर सकते।'

इसी प्रकार, संत कबीर कह गए हैं—

राम रहे बन भीतरे गुरु की पूजा ना आस।
रहे कबीर पाखंड सब, झूठे सदा निराश॥

'जो कहते हैं कि उन्हें गुरु की जरूरत नहीं, क्योंकि ईश्वर वन में और अन्यत्र हैं, संत कबीर ऐसे लोगों को पाखंडी मानते हैं और उन्हें सदा निराशा ही हाथ लगती है।'

ऐसा क्यों है कि इन संतों ने गुरु की आवश्यकता पर जोर दिया है? वैदिक ग्रंथों से हमें पता चलता है कि मायिक जगत की सभी आत्माएँ एक दु:ख से दु:खी हैं। वह बीमारी शारीरिक नहीं, बल्कि आध्यात्मिक है। उसका नाम है 'अज्ञान'। रामचरित मानस में कहा गया है—

मोह सकल ब्याधिन कर मूला।

'हमारी सारी समस्याओं की जड़ अज्ञानता है।'

हम इस शंका को दूर करने का प्रयास करते हैं। हम स्कूल जाते हैं, शैक्षिक डिग्रियाँ और पात्रता हासिल करते हैं; लेकिन आध्यात्मिक नजरिए से अज्ञानता फिर भी बरकरार रहती है, क्योंकि शैक्षिक उपलब्धियों के बावजूद हमारे भीतर आक्रोश, लालच और घमंड बरकरार रहते हैं।

कुछ दशक पहले यूरोप से एक समाजशास्त्री अफ्रीका के कांगो में वहाँ के आदिवासी जनजाति पर शोध करने गए हुए थे। अध्ययन के दौरान वे जंगल में नरभक्षक समुदाय के संपर्क में भी आए। वह यह जानकर चौंक गए कि उस समुदाय के मुखिया का बेटा ऑक्सफोर्ड से स्नातक के लिए छात्रवृत्ति पा रहा था।

उन्होंने उस युवक से पूछा, "तुम कॉलेज तक पढ़े-लिखे हो और फिर भी नरमांस भक्षक बने हुए हो? कॉलेज की पढ़ाई-लिखाई से तुमको क्या लाभ हुआ?"

"बहुत अंतर है। बताता हूँ। पहला तो यह कि पहले मैं इंसानी मांस अपनी उँगलियों से खाता था, पर अब काँटे व छुरी की मदद से खाता हूँ।"

यह केवल एक परिहास है। लेकिन मुद्दा यह है कि औपचारिक शिक्षा हमारे भीतर से अज्ञानता दूर कर पाने में सक्षम नहीं है। इसलिए आध्यात्मिक अज्ञानता को कैसे दूर करें, जिसने हमें अनंत काल से घेर रखा है?

श्रीमद्भागवत में कहा गया है—

अनादि-अविद्या-युक्तस्य पुरुषस्यात्मवेदनम्।
स्वतो न सम्भवाद् अन्यस तत्त्वज्ञो ज्ञानदो भवेत्॥ (11.22.10)

इस श्लोक में भगवान श्रीकृष्ण उद्धव से कहते हैं कि अनंतकाल से आत्माओं की बुद्धि अज्ञानता से ढकी हुई है। यह स्व-विश्लेषण से जाने वाली नहीं है;

जरूरत है एक गुरु से ज्ञान प्राप्त करने की, जो परम सत्य के बारे में जानता हो।

एक साधारण किसान का बेटा हर रोज सुबह गाय का दूध निकालता था। दिन में गाय खेतों में आराम से चरती रहती थी। गाय के सींग अजीबोगरीब से थे वे अंदर की तरफ मुड़े हुए थे, लगभग एक-दूसरे को छू रहे थे। इस तरह गाय के सिर पर गोलाकार दायरा बना रहता था। गाय को दुहते हुए चरवाहा लड़का रोज सोचता, 'क्या मेरा सिर उस गोल से हिस्से में आ सकता है या नहीं?'

डेढ़ साल ऐसे ही बीत गए। अंतत: उसकी जिज्ञासा उस पर हावी हो गई। उसने गाय के सींग पकड़े और अपना सिर उसमें घुसाने लगा। उसका सिर उसमें चला तो गया, लेकिन यह अजीबोगरीब वाकया देखकर गाय भौंचक्की रह गई। उसने अपनी गरदन सीधी कर दी, जिससे उसका सिर ऊपर उठ गया।

अब वह लड़का गाय के सिर पर हवा में लटकने लगा। उसकी गरदन पर दबाव पड़ने लगा तो उसने अपने हाथों से गाय की गरदन पकड़ ली। इससे गाय और डर गई। वह जोर-जोर से चीखने लगी, पिछले पाँव पर कूदने लगी। बच्चे ने समझ लिया कि उसका गला कसने से दम घुट जाएगा; इसलिए वह भी मदद के लिए चीखने लगा।

अजीबोगरीब चीखें सुनकर आसपास के लोग दौड़े हुए वहाँ पहुँचे। उन्होंने गाय को पकड़ा और बच्चे को उसकी सींग से बाहर निकाला। उसे गाय की सींग में फँसा देखकर लोग हैरान थे। उन्होंने बच्चे से कहा, "ऐसा करने से पहले सोचना तो चाहिए था। क्या तुमने ऐसी मूर्खतापूर्ण हरकत करने से पहले ठीक से सोचा नहीं?"

बच्चे ने उत्तर दिया, "किसने कहा कि मैंने पहले नहीं सोचा? सींग में सिर डालने से पहले मैं इस पर पिछले डेढ़ साल से सोच रहा था।"

जब चरवाहा बच्चे की सोच ही गड़बड़ थी तो इससे फर्क नहीं पड़ता कि उसने कितने लंबे समय तक सोचा। उससे समस्या हल होने वाली नहीं थी। इसी तरह, पहले के श्लोक में वेदव्यासजी ने कहा है कि माया के प्रभाव में हमारी बुद्धि पाँच तरह की गड़बड़ियों से संतप्त हो जाती है। वे क्या हैं? *योगसूत्र* में उन्हें *पंचक्लेश* कहा गया है—

अविद्यास्मिता राग द्वेषाभिनिवेशाः क्लेशाः। (*साधना पाद* 2.3)

पाँच *क्लेश* हमें पीड़ित करते हैं—*अविद्या, अस्मिता, राग, द्वेष* और *अभिनिवेश*।

आइए, इन्हें अपने उद्देश्य के संदर्भ में बारी-बारी से समझते हैं—

***अविद्या* :** यह अज्ञानता है, जिसके चलते हम अपने दिव्य आध्यात्मिक स्वभाव को भूल चुके हैं। इसके बजाय हम अपने शरीर को महज पदार्थ से बना हुआ देखते हैं।

***अस्मिता* :** इसका अर्थ है—अहंकार। यह हमारी पहचान को लेकर गलत धारणा है, जो हमारी संपत्ति, पद, शिक्षा आदि से बनाई जाती है।

***राग* :** यह हमारे मन का वस्तुओं और लोगों से जुड़ाव होता है, जो हमारी समझ को दूषित करता है।

***द्वेष* :** इसे नकारात्मक जुड़ाव या नाराजगी कहते हैं। इसके वशीभूत हमारी बुद्धि का क्षरण होता है।

***अभिनिवेश* :** मृत्यु का विचार हमारे भीतर गलत संदेह पैदा कर देता है, क्योंकि हम यह नहीं समझ पाते कि हमारी आत्मा नित्य है। हमेशा मौजूद रहने के लिए समाप्त होने का डर स्वाभाविक रूप से हमारे मूल्यों एवं धारणाओं को प्रभावित करती है।

योगसूत्र बताता है कि हमारी बुद्धि इन पाँच यातनाओं से घिरी होती है। अतः कोई शक नहीं कि हम चाहे जितना भी दृढ़ और दीर्घकाल तक चिंतन कर लें, हम खुद को अज्ञानता से अलग नहीं कर सकते। अतः समस्त वैदिक ग्रंथ समान रूप से यही बात कहते हैं कि हमें गुरु से ही दिव्य ज्ञान प्राप्त करना चाहिए।

छांदोग्य उपनिषद् कहता है—*आचार्यवान पुरुषो वेदा* (6.14.2), यानी केवल गुरु के माध्यम से ही आप वेदों को समझ पाएँगे। *पंचदशी* कहता है—

तत्पादाम्बुरु हद्वंद्व सेवा निर्मल चेतसाम्।
सुखबोधाय तत्त्वस्य विवकोऽयं विधीयते॥ (1.2)

'गुरु की सेवा शुद्ध मन से करें, सारी शंकाओं को त्याग दें। तब वह आपको शास्त्र ज्ञान और विवेक की क्षमता प्रदान कर अत्यधिक प्रसन्नता देगा।'

श्रीमद्‍भगवद्‍गीता में कहा गया है—

तद्‍ विद्धि प्रणिपातेन परिप्रश्नेन सेवया।
उपदेक्ष्यन्ति ते ज्ञानम्‍ ज्ञानिनस तत्त्वदर्शिनः॥ (4.34)

'एक आध्यात्मिक गुरु के पास जाकर सच्चाई जानें। श्रद्धा के साथ उसके सामने अपनी जिज्ञासा रखें और उनकी सेवा करें। इस तरह के प्रबुद्ध संत ही आपको ज्ञान प्रदान कर सकते हैं, क्योंकि उन्होंने सत्य को देखा है।'

इस विधान की एक दिलचस्प पुष्टि भगवान श्रीराम की दिव्य *लीलाओं* से होती है, जो पृथ्वी पर उनके अवतरण के दौरान हुई थीं। यहाँ तक कि वे ज्ञान के लिए एक आध्यात्मिक गुरु के पास गए थे। ईश्वर के रूप में वे सर्वज्ञ थे। ज्ञान प्राप्त करने के लिए उन्हें गुरु की जरूरत नहीं थी। हम सब उनका अनुकरण करें, इसके लिए वे एक उदाहरण स्थापित करना चाहते थे। हमें यह शिक्षा देने के लिए कि हमें गुरु के मार्गदर्शन की जरूरत होगी, भगवान श्रीराम ने स्वयं गुरु वसिष्ठ के चरणों में बैठकर शिक्षा प्राप्त की।

एक बात और भगवान श्रीकृष्ण ने भी ऐसा ही किया। वे उज्जैन में संदीपनी ऋषि के *गुरुकुल* गए और वहाँ उन्होंने चौंसठ दिनों में चौंसठ विद्याएँ सीखीं। उन्होंने अपनी शिक्षा इतनी जल्दी कैसे पूरी की? कारण यह था कि उन्हें वास्तव में किसी भी अध्ययन की आवश्यकता नहीं थी। वे केवल एक लीला कर रहे थे, ताकि मानव जाति के सामने एक उदाहरण रख सकें।

हमने विभिन्न तरीकों, तर्क, जीवंत उदाहरणों और शास्त्रों के माध्यम से यह समझ लिया है कि हमारे श्रेष्ठ 'स्व' को सफलतापूर्वक जगाने के लिए एक गुरु की आवश्यकता है। अगला तार्किक सवाल है—हम ऐसे गुरु को कैसे पा सकते हैं?

एक वास्तविक गुरु की तलाश

लोगों के लिए यह समझना कठिन नहीं है कि उन्हें गुरु की जरूरत क्यों है! भारत में बचपन में ही इस विचार के बीज बो दिए जाते हैं। अधिक महत्त्वपूर्ण प्रश्न है कि हम कैसे जानें कि सामने वाला सच्चा गुरु है? दुर्भाग्य से, बहुत कम लोगों को ही इस प्रश्न का उत्तर पता होता है और यही वजह है कि समाज में ढेर सारे बहुरूपिए मासूम लोगों को ठग रहे हैं।

नतीजतन, हमने नीचे वास्तविक संत की पहचान से जुड़े कुछ बिंदुओं पर चर्चा की है। आइए, मैं विस्तार से उन बचाव के पहलुओं को बताता हूँ, जिन्हें गुरु की तलाश करते वक्त ध्यान में रखना है।

सावधानियाँ

सबसे पहले बाहरी झलक और पोशाक को कभी भी एक संत का आकलन करने का मापदंड नहीं बनाना चाहिए। कोई भी गेरुए वस्त्र और तुलसी की माला पहन सकता है और एक पवित्र व्यक्ति होने का दिखावा कर सकते हैं। संत कबीर कह गए हैं—*मन न रँगाए हो, रँगाए जोगी कपड़ा,* यानी 'देखो, योगी ने अपने मन को नहीं रँग रखा है; उसने केवल अपने कपड़े ही रँगे हैं।' हमारे उद्देश्य के लिए हमें एक ऐसे योगी को तलाशना है, जिसका हृदय ईश्वर के प्रेम से रँगा हुआ हो।

अब दूसरी सावधानी। **वास्तविक संत लोग सांसारिक आशीर्वाद देने के बहाने लोगों को धोखा नहीं देते।** आजकल बहुतेरे बहुरूपियों ने झूठे आशीर्वाद प्रदान करने का कारोबार चला रखा है। लोग उनके पास सांसारिक इच्छाओं की पूर्ति के लिए जाते हैं और ये नकली संत संयोग का खेल खेलने लगते हैं। वे आधारहीन आशीर्वाद देते हैं, जिनमें से कुछ किस्मत से सच भी साबित हो जाते हैं। जिनकी इच्छाएँ पूरी हो जाती हैं, वे सोचते हैं कि उनको ईश्वर का आशीर्वाद मिला है और वे दूसरों के बीच उस बहुरूपिए का प्रचार करने लगते हैं तथा कहते हैं, "उस बाबा के पास जाओ तो तुम्हारी इच्छाएँ पूरी हो

जाएँगी।" इस तरह से, ये ढोंगी बाबा लोकप्रिय हो जाते हैं।

सच्चे संत वे होते हैं, जिन्होंने सांसारिक आनंद के भ्रामक स्वभाव को समझ लिया होता है। अतः वे चाहते हैं कि उनके अनुयायी आध्यात्मिक खजाने से पोषित हों और भौतिक धन-संपदा के पीछे आँखें मूँदकर न भागें।

अब तीसरा रक्षासूत्र। **सच्चे संत कभी भी सस्ते चमत्कार दिखाकर लोगों को प्रभावित करने की कोशिश नहीं करते।** अज्ञानतावश समाज प्रकृति-विरुद्ध कृत्यों से प्रभावित हो जाता है। कहा भी जाता है, *चमत्कार को नमस्कार है।* हालाँकि, ये सनसनीखेज कृत्य तीन प्रकार की सिद्धियों के चलते प्रस्तुत किए जाते हैं—

- **तामसिक सिद्धि :** इसमें बाबा भूतों एवं आत्माओं की पूजा करते हैं और दूसरों को प्रभावित करने के लिए उनसे मदद माँगते हैं।
- **राजसिक सिद्धि :** इसके तहत एक योगी आत्म-संयम के बल पर कुछ क्षमताएँ विकसित कर लेता है, जिससे लोगों की सेहत, कारोबार आदि में कथित तौर पर सुधार ला देता है। हालाँकि, इसके लाभ अस्थायी ही होते हैं, क्योंकि अंततः हर किसी पर कर्म का विधान लागू होता है और व्यक्ति को अपने किए के आधार पर ही परिणाम मिलता है।
- **सात्त्विक सिद्धि :** यौगिक साधना के बल पर कोई भी अनेक चामत्कारिक क्षमताएँ विकसित कर सकता है; जैसे कि जमीन से ऊपर उठकर पानी पर चलना, दूसरों के विचारों के बारे में जान लेना और वस्तुओं को प्रकट कर देना आदि। हालाँकि, ये सारी मायिक शक्तियाँ हैं, जो वह दिव्य संपदा उपलब्ध नहीं करा सकतीं, जिसे हमारी आत्मा तलाश रही होती है।

ये तीन तरह की सिद्धियाँ सच्चे संत की तलाश का पैमाना नहीं हैं। **किसी संत में वास्तविक सिद्धि देखनी है तो उसको अद्भुत आध्यात्मिक चमत्कार के रूप में लोगों का परिवर्तन होते हुए देखना चाहिए।** हिंदी में एक लोकप्रिय पंक्ति भी है—

पारस में और संतों में, बहुत अंतरो जान।
वह लोहा कंचन करे, वह करे आपु समान॥

'*पारस* पत्थर तो केवल लोहे को सोने में बदल सकता है, लेकिन किसी अन्य पारस पत्थर में तब्दील नहीं कर सकता। हालाँकि, संतों में वह जादुई क्षमता होती है, जो सांसारिक लोगों को अपने जैसे संत में परिवर्तित कर सकते हैं।' यही असली चमत्कार है, जिसे देखने की हमें इच्छा करनी चाहिए, न कि सस्ते ढकोसले, जैसे कि आपके सामने सोने की चेन प्रकट कर देना।

हमने संतों की पहचान में ध्यान रखने योग्य बातों पर चर्चा की। आइए, अब हम उन संकेतों के बारे में समझें, जिससे सच्चे संतों को हम पहचान सकें।

सच्चे संत को पहचानना

अथर्ववेद के *मुंडक उपनिषद्* में गुरु की विशेषताओं के बारे में बताया गया है। इसमें कहा गया है—

तद्विज्ञानार्थं स गुरुमेवाभिगच्छेत्,
समित्पाणि: श्रोत्रियं ब्रह्मनिष्ठम्। (1.2.12)

'परम सत्य को अनुभव करने के लिए उस गुरु के पास पूरे विश्वास के साथ जाएँ, जो *श्रोत्रिय* और *ब्रह्मनिष्ठ* दोनों हो।'

इस मंत्र में गुरु के दो गुणों का उल्लेख किया गया है—1. गुरु *श्रोत्रिय* होना चाहिए, यानी उसे शास्त्रों का ज्ञान होना चाहिए और 2. गुरु *ब्रह्मनिष्ठ* भी होना चाहिए, यानी वह ईश्वर का साक्षात्कार कर चुका हो।

दूसरे शब्दों में, गुरु को सैद्धांतिक तौर पर पारंगत होना चाहिए और व्यावहारिक तौर पर सिद्ध होना चाहिए। इसके अनुसार, आइए, अब समझें कि हमें गुरु में क्या देखना चाहिए?

पहला बिंदु तो यह है कि गुरु को शास्त्रों का सैद्धांतिक ज्ञान अवश्य होना चाहिए। हमें उसको शास्त्रों के विशेषज्ञ के रूप में पहचानना चाहिए। इस बिंदु

पर यह जानना जरूरी है कि इतिहास में ऐसे भी गुरु हुए हैं, जो निरक्षर थे और इसके परिणामस्वरूप वे शास्त्रों के संदर्भ में स्वाभाविक तौर पर बहुत अच्छे से पारंगत नहीं थे। धन्ना जाट, सदना कसाई और चोखा मेला ऐसे ही कुछ लोकप्रिय संत हुए हैं। लेकिन अपने पूर्व के *संस्कारों* और ईश्वर की कृपा से उन्होंने परम लक्ष्य हासिल कर रखा था।

हालाँकि, साधक की दृष्टि से ऐसे गुरु को खोजना सबसे अच्छा है, जो विद्वान हो। कारण यह है कि यदि कोई संत शास्त्रों के संदर्भ के बगैर किसी विषय की व्याख्या करेगा तो हम आसानी से आश्वस्त नहीं होंगे। लेकिन अगर संत पवित्र पुस्तकों के विद्वान हैं और हमें उनके आधार पर सच्चाई से अवगत करा सकते हैं तो हमें जल्दी से उन पर भरोसा हो जाएगा और हम कृत संकल्पित हो जाएँगे। इसलिए **जाँच का पहला बिंदु यह है कि गुरु को शास्त्रों के सैद्धांतिक ज्ञान के मामले में सिद्धहस्त होना चाहिए।**

अब हम **दूसरे बिंदु** पर आते हैं। **गुरु को व्यावहारिक तौर पर सत्य का ज्ञान होना चाहिए।** यह विशेष तौर पर जरूरी है, क्योंकि जिसने सत्य को पा लिया हो, वही हमें उसके बारे में जानने में मदद कर सकता है। इस कहानी पर गौर करें।

एक व्यक्ति नदी के किनारे पहुँचा, जहाँ विभिन्न लोगों की भीड़ पेड़ के नीचे बैठी थी। उस व्यक्ति को नदी को चलते हुए पार करना था, क्योंकि वहाँ आसपास कोई नाव नहीं थी। लेकिन पानी की गहराई के बारे में पता न होने की वजह से वह तय नहीं कर पा रहा था कि क्या नदी को पैदल पार किया जा सकता है? इसलिए उसने पेड़ के नीचे बैठे लोगों से जानना चाहा, "महानुभावो, क्या आप बता सकते हैं कि मुझे यह नदी पार करनी चाहिए या नहीं?"

भीड़ में एक नेत्रहीन व्यक्ति भी शामिल था। वह तपाक से बोल उठा, "बिल्कुल न झिझकें, श्रीमान। आप बिल्कुल सही जगह पर हैं। बस, चलते जाइए और आप कुछ ही पलों में दूसरे छोर पर पहुँच जाएँगे।"

उस व्यक्ति की बात सुनते हुए इस व्यक्ति ने मन-ही-मन सोचा, 'यह खुद

तो देख सकता नहीं और शायद ही इसने खुद कभी नदी पार की हो! इसकी सलाह का क्या मतलब है?'

इसी बीच वहाँ बैठे एक लँगड़े व्यक्ति ने कहा, "नहीं, मत जाना। मैं तुमको एक और अच्छा रास्ता बताता हूँ। यहाँ से पचास कदम और आगे जाओ तथा वहाँ से नदी पार करो।"

उस व्यक्ति ने फिर सोचा, 'यह व्यक्ति तो लँगड़ा है। यह कभी खुद से इस नदी को पार नहीं कर सकता। मैं इसका भरोसा क्यों करूँ?'

इसके बाद एक तीसरे व्यक्ति ने बोलना शुरू किया। संतुलित शब्दों में उसने कहा, "श्रीमान, चिंता न करें। मैं नदी के दूसरे छोर पर स्थित गाँव में ही रहता हूँ। हर सुबह मैं इस तरफ आता हूँ और शाम होने पर इसी रास्ते से लौट जाता हूँ। आपको केवल इतना करना है कि 400 मीटर पीछे की तरफ जाएँ और जब पीपल का पेड़ दिखे, वहाँ से नदी में उतरें और आगे बढ़ें। ध्यान रहे कि पानी का बहाव आपको नदी के बहने की दिशा में न खींचे। आप नदी तल के उच्चतम स्तर पर होंगे और अगर सीधे चलते रहे तो आसानी से नदी पार कर जाएँगे।"

अब उस व्यक्ति ने सोचा, 'यह व्यक्ति अनुभवी लगता है। हो सकता है कि यह ऐसा पिछले कई वर्षों से कर रहा हो। इसकी जानकारी पर भरोसा किया जा सकता है। मैं भी उसके बताए अनुसार करके देखता हूँ।"

इसी प्रकार, हमें ऐसा गुरु चाहिए होता है, जिसके पास आध्यात्मिक यात्रा का व्यावहारिक अनुभव हो। इसका मतलब कि उसने आध्यात्मिक प्रक्रियाओं का पालन किया है, अपने मन व बुद्धि को शुद्ध किया है, ईश्वर के सम्मुख समर्पण करके दिव्य आशीर्वाद प्राप्त किया है और परम सत्य की व्यावहारिक सिद्धि प्राप्त की है। ऐसे ही गुरु में हम अपना विश्वास स्थापित कर सकते हैं।

भगवान श्रीकृष्ण ने ऐसे संत को *तत्त्वदर्शी* (सत्य की साधना करने वाला) बताया है। वह अर्जुन से कहते हैं, "एक ज्ञानवान संत ही तुम तक ज्ञान पहुँचा सकता है, क्योंकि उसने सत्य की साधना की है।" (4.34) हम ऐसे सत्य के द्रष्टा की तलाश करना चाहते हैं।

अब तीसरे बिंदु पर आते हैं। अगर एक संत *तत्त्वदर्शी* है तो आप ऐसे व्यक्ति में एक और लक्षण पाएँगे। **ऐसे गुरु आपकी आध्यात्मिक साधना की जिज्ञासाओं के समाधान की क्षमता रखते हैं।** इसके विपरीत, महज सैद्धांतिक पंडित, जिनके पास व्यावहारिक अनुभूति का अभाव होता है, उनमें यह क्षमता नहीं होती। महज शास्त्रों का अध्ययन कर लेना और उसकी शिक्षाओं को अमल में न लाने से भ्रम की स्थिति और गहरा जाती है। महाभारत में कहा गया है—

श्रुतिर्विभिन्ना स्मृतयो विभिन्नाः। नइको मुनिर्यस्य वचः प्रमाणम्॥

'ऐसे ढेरों शास्त्र हैं, जो कि *श्रुति* एवं *स्मृति* के रूप में मौजूद हैं और सभी में एक-दूसरे के विपरीत विधान बताए गए हैं। बड़े-से-बड़ा विद्वान भी उन्हें पढ़कर असमंजस में पड़ सकता है।'

रामायण में भी यही बात कही गई है—

श्रुति पुरान बहु कहेउ उपाई। छूट न अधिक अधिक अरुझाई॥

'*श्रुतियाँ और स्मृतियाँ अनेक तकनीक सिखाती हैं*। उन सबका केवल सैद्धांतिक ज्ञान हासिल कर लेने से स्पष्टता नहीं आती, बल्कि भ्रम और बढ़ जाता है।'

ये शास्त्र दिव्य और बहुत गहरे हैं। उनका आशय हमारी सीमित भौतिक बुद्धि से परे है। यही कारण है कि उनका अध्ययन किसी गुरु के मार्गदर्शन में होना चाहिए। सिद्ध महापुरुषों के पास आध्यात्मिक मार्ग और परम लक्ष्य-प्राप्ति का व्यावहारिक अनुभव होता है। इसलिए वे साधकों की शंकाओं का समाधान आसानी से कर सकते हैं साथ ही उनकी समझ को और स्पष्टता प्रदान कर सकते हैं।

चौथा बिंदु यह है कि संतों के शब्द अत्यंत ताकतवर होते हैं; क्योंकि उन्होंने केवल पुस्तक ही नहीं पढ़ी होती, वे अपने निजी अनुभव की गहराइयों से विचार व्यक्त करते हैं। किसी विधान पर एक विद्वान पंडित से विस्तार से सुनना एक बात है और उसी विषय को वास्तविक गुरु के श्रीमुख से सुनना दूसरी बात होती है। हमने कई बार पुस्तकों में इस बारे में पढ़ा होगा कि हम शरीर नहीं,

बल्कि आत्मा हैं; लेकिन इससे हम पर कोई असर नहीं हुआ। लेकिन जब **हम किसी संत के माध्यम से यही संदेश सुनते हैं तो यह हमारे दिलों में गहराई तक चला जाता है और हमें हमेशा के लिए बदल देता है। यही एक सिद्ध संत की वाणी की शक्ति है।**

बाइबल में कहा गया है—'ईश्वर के पवित्र लोग पवित्र आत्माओं के जरिए प्रेरित होकर बोलते हैं।' (2 पीटर 1:21) सच है, चूँकि संतों ने ईश्वर के सम्मुख समर्पण किया होता है, ऐसे में वे ईश्वर के आध्यात्मिक कल्याण के कार्य का माध्यम बन जाते हैं। फिर ऐसा प्रतीत होता है, मानो ईश्वर उनके जरिए अपनी बात कह रहा हो।

अब हम पाँचवें और सबसे महत्त्वपूर्ण बिंदु पर आते हैं। **जब हम सत्संग की शक्ति के जरिए वास्तविक संतों से जुड़ जाते हैं तो हम स्वाभाविक रूप से तुच्छ सांसारिक चीजों से वैराग्य महसूस करने लगते हैं और ईश्वरीय मामलों से जुड़ जाते हैं।**

इन बातों की आग के गुणों से तुलना करें।

मान लीजिए कि आप जाड़े की एक रात बाहर हैं और ठंड से काँप रहे हैं। आपसे तीस गज दूर आग जल रही है, लेकिन उसकी आँच आप तक नहीं पहुँच रही। लेकिन जैसे-जैसे आप आग के करीब बढ़ते जाते हैं, हर कदम के साथ आपके शरीर को मिलने वाली गरमी बढ़ती जाती है और ठंड कम होने लगती है।

इसी प्रकार, सच्चे संत ईश्वरीय चेतना के अग्निपुंज की तरह होते हैं। ऐसा नहीं हो सकता कि हम उनसे जुड़ जाएँ और हमें सांसारिक तुच्छ वस्तुओं से वैराग्य न होने लगे या ईश्वर से जुड़ाव न होने लग जाए। हम पर उनकी परिवर्तनकारी शक्ति का यह अनुभव किसी संत का *प्रत्यक्ष प्रमाण* होता है।

हालाँकि, इस बिंदु पर एक खंडन भी देना जरूरी है। सच्चे संतों का प्रभाव प्रत्येक व्यक्ति पर भिन्न-भिन्न होता है। चुंबक का उदाहरण लें। उसकी प्रकृति है लोहे को अपनी तरफ खींचना। उसके साथ आप एक प्रयोग कर सकते हैं।

पाँच सुइयों को चुंबक के इर्द-गिर्द अलग-अलग स्थितियों में रख दें। पहली सुई शुद्ध लोहे की होनी चाहिए। दूसरी सुई लोहे और ताँबे के कुछ अंशों को मिलाकर बनी हो। तीसरी सुई में लोहे और ताँबे का अंश आधा-आधा हो। चौथी सुई ताँबे की हो, जिसमें लोहे के कुछ अंश मिले हुए हों। पाँचवीं सुई शुद्ध ताँबे की हो।

इन सुइयों को चुंबक के चारों तरफ रख दें। देखें, क्या होता है? जो शुद्ध लोहे की सुई होगी, वह चुंबक से बहुत तेजी से चिपक जाएगी। जिन सुइयों में ताँबा मिला हुआ होगा, उनका चुंबक से जुड़ाव हलका होगा और जिस सुई में लोहा बिल्कुल नहीं होगा, वह चुंबक से नहीं चिपकेगी, चाहे आप उसे चुंबक से बाँध ही क्यों न दें!

सच्चे संत चुंबक की तरह होते हैं और हमारी आत्माएँ सुइयों की भाँति। संतों से मिलने पर जिनका हृदय शुद्ध होता है, वे तुरंत उनसे जुड़ जाते हैं। लेकिन जिस हद तक हमारा मन अशुद्ध होता है, उस हद तक संत का प्रभाव बाधित हो जाता है।

यही कारण है कि हम संतों की आत्मकथाओं में पढ़ते हैं कि लोगों का एक समूह एक संत से मिलने पहुँचा। एक व्यक्ति ऐसा था, जो उनको देखते ही संसार से मोह-माया त्यागकर तुरंत उनकी शरण में बैठ गया। दूसरे ने संत का दर्शन तो किया, लेकिन उसे वैराग्य नहीं हुआ, न तो उसने अपने रुख में ही कोई बदलाव किया। तीसरे व्यक्ति ने संत से मुलाकात तो की, लेकिन उस पर कोई प्रभाव नहीं हुआ। चौथे ने तो संत को अपशब्द भी कहे और लौट गया।

ऐसा अंतर क्यों रहा? श्रीरामकृष्ण परमहंस ने इसके बारे में सटीकता से बताया है—'जैसे कोई कील किसी पत्थर में नहीं घुस सकती, लेकिन आसानी से मिट्टी में घुस जाती है, उसी प्रकार पवित्र सलाह सांसारिक व्यक्ति की आत्मा को प्रभावित नहीं करती, जबकि आस्थावान के हृदय में बहुत आसानी से और गहराई तक पहुँच जाती है।'

जिनका हृदय शुद्ध होता है, उन्हें सच्चे संत से मिलने पर एक खिंचाव-सा होता है और वे तत्काल ही प्रेरित महसूस करने लगते हैं,

'यही वह व्यक्ति है, जिसकी तलाश में मैं अब तक था।' उनका हृदय ऐसा ऐलान-सा करने लगता है। लेकिन जिनका हृदय अशुद्धियों से भरा हो और आस्था एवं संदेह के बीच डोल रहा हो, उनको लगता है, 'वह एक संत है। नहीं, वह भी एक सांसारिक व्यक्ति ही है। नहीं, कुछ तो खास है उस व्यक्ति में। ठीक है, दरअसल, उसमें कुछ भी खास नहीं है।' पेंडुलम की भाँति वे अपने में ही आगे-पीछे होते रहते हैं।

अब, यह स्थिति हमारी सच्चे गुरु की तलाश की समस्या को और भी जटिल कर देती है। मान लें कि हम एक बाबा से बीस साल से जुड़े हुए हों और किसी तरह का आध्यात्मिक लाभ हासिल न हुआ हो, न तो ईश्वर के प्रति जुड़ाव हुआ और न ही सांसारिक तुच्छ चीजों से वैराग्य ही हुआ। तो हमें इससे क्या निष्कर्ष निकालना चाहिए? क्या वह बाबा सच्चा संत है, जैसा कि हम अब तक सोचते आए थे? या हमारा हृदय इस कदर अशुद्ध है कि हम पर उसका प्रभाव नहीं पड़ा?

इस द्विविधा का उत्तर है, अनेक संतों का संग करना। उनके सत्संग, प्रवचन, कीर्तनों आदि में शांति से जाइए और बैठिए। आपको न तो बहस करने की जरूरत है और न झगड़ा करने की। शांत मन से उनके असर को अपने ऊपर महसूस करें। **क्या आपके भीतर ईश्वर के प्रति *अनुराग* पनप रहा है? क्या आपके मन में संसार से *वैराग्य* उत्पन्न हो रहा है? संत वही है, जो आपके भीतर सबसे गहरा आध्यात्मिक प्रभाव डाल रहा है, जिसकी आपको अब तक तलाश थी।** अगर आप इस फॉर्मूले पर चलेंगे तो आप ठगे नहीं जा सकेंगे, क्योंकि आप *प्रत्यक्ष प्रमाण* का प्रयोग कर रहे हैं, यानी सीधे गौर किए जा सकने वाले साक्ष्य।

इन सुरक्षा उपायों से युक्त होकर और सच्चे संतों को तलाशने का तरीका जानने के बाद अब हम इस पर आगे बढ़ सकते हैं।

अपने आध्यात्मिक गुरु की तलाश

अगर हम पूर्व जन्म में किसी सिद्ध संत के मार्गदर्शन में रहे हों, लेकिन किसी कारणवश अपनी यात्रा पूरी न कर पाए हों, तो वर्तमान जीवन में ईश्वर हमें सीधे

किसी अन्य संत से मिला देता है, ताकि हम अपनी यात्रा आगे जारी रख सकें। लेकिन अगर पूर्व जन्मों में हम आध्यात्मिक उदय के बिंदु पर नहीं पहुँच सके हों तो मौजूदा जन्म में हमें तलाश करनी ही होगी।

तलाश करते समय यह संभव है कि हम किसी गुरु की शरण पा जाएँ, लेकिन बाद में महसूस हो कि वह व्यक्ति सच्चा संत नहीं था। उस स्थिति में हमें चुपचाप उदासीन भाव से आगे बढ़ने में संकोच नहीं करना चाहिए। यह बिल्कुल उसी तरह है, जैसे आप किसी डॉक्टर के पास इलाज के लिए जाते हैं। अगर आप उनसे अपेक्षित लाभ नहीं पाते तो आप यह नहीं सोचते कि चाहें हम मरें या जिएँ, हम डॉक्टर को नहीं बदल सकते। न तो आप उस डॉक्टर से लड़ने-झगड़ने में ही अपना समय व्यर्थ गँवाते हैं; बल्कि आप समझदारी से आगे बढ़ जाते हैं।

लेकिन गुरुओं के मामले में हम अकसर लोगों को कहते हुए सुनते हैं, "मैंने एक बार एक गुरु बनाया था। अब वह मुझे स्वर्ग ले जाएँ या नरक, मैं तो जीवनपर्यंत उन्हीं गुरु से जुड़ा रहूँगा।" इसमें तथ्य यह है कि हमारे पूर्व जन्म में हमें एक अलग गुरु मिले थे और इस जन्म में कोई और गुरु हैं। हम इसे महसूस नहीं कर सकते, लेकिन हमने पहले ही पिछले अनंत जन्मों में ढेर सारे गुरु बदले हैं। इसलिए इस जीवन में भी हमें यह अधिकार है कि जब तक उचित व्यक्तित्व न मिल जाए, हमें अपनी तलाश जारी रखनी है। **एक बार जब हम सच्चे संत के चरणों तक पहुँच जाएँ, तब हमें समस्त तलाश बंद कर देनी चाहिए और उनके शरणागत होकर व्यावहारिक साधना शुरू कर देनी चाहिए।** इसके बाद अगर हम तलाश जारी रखेंगे तो वह केवल भटकाव और समय नष्ट करने जैसा होगा।

गुरु की तलाश के दौरान हमेशा यह ध्यान में रखें कि गुरु की शिक्षाएँ आपके *संस्कारों* के अनुसार ही होनी चाहिए। भले ही आपको उचित संत मिले हों, लेकिन उनकी शिक्षाएँ आपके संस्कारों की तुलना में काफी बेमेल हो सकती हैं। हो सकता है कि कोई संत *अष्टांग योग* के मार्ग पर चलते हों, दूसरे भक्ति और समर्पण का सुझाव दें, जबकि तीसरे संत हो सकता है कि आत्मज्ञान पर ही

हमें ध्यान केंद्रित करने को कहें। लोग अकसर पूछते हैं, "ऐसा क्यों है कि ऐसे मौलिक संतों की इतनी भिन्न शिक्षाएँ होती हैं?" इसका जवाब है कि ईश्वर ने हर स्तर के लिए शिक्षकों की व्यवस्था कर रखी है, क्योंकि छात्र भी अलग-अलग स्तर के होते हैं। स्कूलों की ही तरह जहाँ प्राथमिक शिक्षकों की जरूरत होती है, वहीं मिडिल व हाई स्कूल के शिक्षक भी होते हैं।

कभी-कभी कोई शिक्षक पीएचडी होता है; लेकिन जब उनको प्राइमरी कक्षा लेने के लिए कहा जाता है तो वे 2 + 2 = 4 पढ़ा सकती हैं। लेकिन इसका मतलब यह नहीं कि वे उतना भर ही जानती हैं। वे जो पढ़ा रही होती हैं, वह उनके ज्ञान के स्तर से तय नहीं होता, बल्कि छात्रों की समझ की सीमाओं से तय होता है।

इसी प्रकार, सभी सच्चे संत वही काम करते हैं, जो ईश्वर ने उन्हें सौंप रखा होता है और वे सभी समान रूप से सराहना योग्य होते हैं। अगर वे मौलिक संत हैं तो हमें उनके कामों के लिए कभी उनकी आलोचना नहीं करनी चाहिए; बल्कि **हमें ऐसे शिक्षक की तलाश करनी चाहिए, जो हमारे *संस्कारों* के अनुसार हमारा मार्गदर्शन कर सकें।**

अब हम संत की तलाश के आखिरी बिंदु पर आते हैं। ईश्वर हमारे दिलों में बसता है और हमारी गहराई में दबी इच्छाओं को जानता है। वह जब यह देख लेता है कि हमने आध्यात्मिक विकास की अपेक्षित महत्त्वाकांक्षा हासिल कर ली है तो वह हमें हमारे गुरु की ओर अग्रसर करता है। आगे ईश्वर हमें विश्वास के साथ प्रेरित करता है कि हम गुरु के आगे समर्पण करें और उनसे लाभ प्राप्त करें।

जगद्गुरु कृपालुजी महाराज इसे बहुत सुंदर ढ़ंग से बताते हैं—

हरि कृपा गुरु मिले, गोविंद राधे,
गुरु कृपा हरि मिले, सब को बता दे।

(राधा गोविंद गीत)

'पहले ईश्वर हम पर कृपा करते हैं और गुरु की तलाश में हमारी मदद करते हैं। उसके बाद गुरु हम पर कृपा करते हैं और हमें ईश्वर तक पहुँचाने में मदद

करते हैं।' अतः **जब हमारी आध्यात्मिक विकास की ललक अत्यंत गहन हो जाती है, तब हम ईश्वर के आशीर्वाद से अपने सच्चे गुरु से जुड़ पाते हैं।** हालाँकि, ईश्वर की कृपा पाने के लिए हमें पहले गुरु की तलाश में अपनी तरफ से भी जी-तोड़ प्रयास करना होगा।

पूर्व के खंडों में मैंने *गुरु तत्त्व* के बारे में बताया। कुछ लोगों का निवेदन होता है, "स्वामीजी, कृपया बताएँ कि आज के दौर में सच्चे संत कौन हैं?" मैं उन्हें कहता हूँ कि इसकी तलाश आपको ही करनी होगी और अपने निष्कर्ष पर स्वयं पहुँचना होगा। तभी आप एक दृढ़ विश्वास विकसित कर पाएँगे और तभी उस गुरु से आपका जुड़ाव किसी कीमत पर टूटेगा नहीं। अतः यहाँ पर मेरा काम केवल मेंटरशिप के विधान और गुरु से जुड़े विषय के संबंध में आपकी समझ को बढ़ाना है। इसके पश्चात अब आपके ऊपर है कि आप अपने गुरु की तलाश करें।

अंततः, हमें यदि वास्तविक गुरु का सान्निध्य हासिल नहीं होता तो हमें क्या करना चाहिए? क्या हमें बैठकर उस दिन का इंतजार करना चाहिए? नहीं, हमें गुरु के मिलने का इंतजार नहीं करना चाहिए। हमें तत्काल पूरी निष्ठा से अपने मार्ग पर आगे बढ़ना चाहिए। भविष्य में जैसे-जैसे हम ईश्वरीय कृपा के योग्य होते जाएँगे, हम अपने आध्यात्मिक शिक्षक की ओर बढ़ते जाएँगे। लेकिन तब तक हमें जो भी संतों और शास्त्रों के माध्यम से ज्ञान हासिल हुआ हो, उसके साथ अपनी यात्रा आरंभ कर देनी होगी।

बाद में, जब हम सच्चे गुरु से संपर्क में आएँगे तो वे हमारी आध्यात्मिक साधना को पूर्ण कराने और हमारी आत्मा को परम लक्ष्य तक पहुँचाने में मदद करेंगे। तब तक मुझे उम्मीद है कि आप इस पुस्तक से अपनी आध्यात्मिक प्रगति के संबंध में समुचित जानकारी प्राप्त कर सकेंगे।

यह पुस्तक इस इच्छा से लिखी गई है कि इससे आपको ब्रह्मांड के दिव्य विधानों के संबंध में जानकारी प्रदान की जा सके। इससे अगर आपको अपनी श्रेष्ठ चेतना को जाग्रत करने में एक कदम भी आगे बढ़ने में मदद मिलती है मैं अपने इस विनम्र प्रयास को सफल मानूँगा।

मुख्य बिंदु

- एक गुरु या मार्गदर्शक एक बुद्धिमान व्यक्ति होता है, जो साथ ही एक भरोसेमंद सलाहकार, मित्र और एक शिक्षक भी होता है।
- अच्छे मार्गदर्शक हमें अनंत गलतियों और अंधकारमय भटकाव से बचाते हैं।
- एक अच्छा मार्गदर्शक अपने क्षेत्र का कुशल व दक्ष व्यक्ति होना चाहिए, जिसे अनुकरण योग्य उदाहरण माना जा सके। भरोसेमंद मार्गदर्शक के पास व्यापक अनुभव होना चाहिए और वह हमें सहयोग के साथ मित्रवत व्यवहार भी प्रदान कर सके।
- अध्यात्म में मार्गदर्शक अनिवार्य है, क्योंकि हमारी बुद्धि पर पिछले अनंत जीवनकाल से अज्ञानता का परदा पड़ा होता है। आध्यात्मिक शिक्षक को 'गुरु' कहा जाता है।
- हमें नकली गुरुओं के झाँसे में आने से बचना चाहिए, जो सस्ते चमत्कार दिखाते हैं या सांसारिक आशीर्वाद देने का नाटक करते हैं।
- एक मौलिक गुरु सैद्धांतिक तौर पर पारंगत तो होना ही चाहिए, साथ ही वह व्यावहारिक सिद्ध पुरुष भी हो।
- जब हम मौलिक संतों से उनके सत्संग की शक्ति के साथ जुड़ते हैं तो हम स्वाभाविक रूप से सांसारिक चीजों से अलग हो जाते हैं और दिव्य मामलों से जुड़ाव पैदा कर लेते हैं।
- ईश्वर हम सभी के हृदय में हैं। वे जब देखते हैं कि आध्यात्मिक विकास हासिल करने की हमारी महत्त्वाकांक्षा बलवती हो गई है तो वे हमें हमारे गुरु की ओर अग्रसर कर देते हैं।

□

दिव्य विधान : संक्षेप में

हम अपने चारों ओर प्रकृति में देखते हैं, अरबों वर्षों से पृथ्वी की कोख में दबे हुए कार्बन में परिवर्तन होता है। हालाँकि, सृष्टि का प्राथमिक उद्देश्य कहीं अधिक है, यह है आत्माओं के निरंतर चलने वाले क्रमिक विकास को उत्कृष्ट चेतना के रूप में विकसित करना।

नतीजतन, हमारी आत्मा हमारे सर्वश्रेष्ठ व्यक्तित्व को जाग्रत करने के लिए हमेशा आगे बढ़ने का प्रयास करती है। ब्रह्मांड के विधानों के बारे में जागरूकता की हमारी कमी के चलते हमारे आंतरिक प्रकटीकरण का अवरोध बना रहता है।

भौतिक घटनाओं को नियंत्रित करने वाले कानूनों की तरह जीवन की यात्रा को नियंत्रित करने वाले आध्यात्मिक विधान भी हैं। उनका ज्ञान हमें यह समझने में मदद करता है कि सफलता कुछ लोगों के लिए इतनी आसानी से क्यों आती है; लेकिन दूसरों के लिए संघर्ष बना रहता है। ये कौन से विधान हैं?

पहला **अनंत क्षमता का विधान** है। यह हमें आत्मा की शानदार नियति और हमारे व्यक्तिगत विकास के लिए संभावनाओं की अनंतता का अहसास करने में मदद करता है। इसमें कहा गया है कि **सभी आत्माओं में वृद्धि की असीम क्षमता है, उनकी वर्तमान स्थिति चाहे जो भी हो।**

यह विधान हमें यह निष्कर्ष निकालने में मदद करता है कि हमारे मानव जीवन का उद्देश्य विकसित होना है। अब हम उस लक्ष्य की यात्रा की प्रकृति को समझना चाहते हैं। इसके लिए दूसरा विधान **वृद्धिशील विकास का विधान** उपयोगी है। यह हमें बताता है कि **व्यक्तिगत उत्कृष्टता और जीवन में**

निपुणता केवल वृद्धिशील सुधार के लगातार छोटे चरणों के जरिए प्राप्त की जा सकती है।

यह विधान आत्मानुशासन के साथ बार-बार बेहतर विकल्प बनाने के महत्त्व पर जोर देता है। लेकिन चूँकि इच्छा-शक्ति सीमित होती है, ऐसे में तीसरा दिव्य विधान हमें सिखाता है कि **मान्यताओं के विधान** के माध्यम से और भी अधिक शक्तिशाली चीज में कैसे परिवर्तित हुआ जाए। यह बताता है कि **हमारे जीवन का पथ हमारी बुद्धि में मौजूद आस्थाओं से निर्धारित होता है।**

हमारे व्यक्तित्व के भीतर सबसे बड़ी शक्ति हमारे पास मौजूद आस्थाओं से आती है। उनमें से सबसे महत्त्वपूर्ण विश्वास आनंद के बारे में हमारी धारणा है। विरोधाभास यह है कि हर कोई आनंद के लिए भाग रहा है, लेकिन बदले में और ज्यादा दुःखी होता जा रहा है। इसलिए चौथा दिव्य विधान **आनंद का विधान** बताता है कि हम गलत जगह पर आनंद की तलाश कर रहे हैं। **सच्चा सुख एक बेहतर इंसान बनने के लिए भीतर से विकसित होकर आता है।**

बेहतर बनने के लिए हमें अपनी निम्न प्रकृति को दूर करना चाहिए, जिसमें अदम्य इच्छाएँ, आसक्तियाँ, लालच, अभिमान, ईर्ष्या और अवगुण शामिल हैं। दमन का उलटा परिणाम होता है। इस प्रकार, हमें पाँचवें दिव्य विधान को जानने की आवश्यकता है, जो कि **उच्च बनाने की क्रिया का विधान** है। यह हमारे निचले आवेगों को जीतने का मार्ग बताता है। यह बताता है कि **मन और उसके विचारों को शुद्ध करने के लिए नुस्खा है उन्हें भक्ति के माध्यम से सर्वोच्च सत्ता से जोड़ देना।**

ईश्वर की भक्ति हमारी इच्छाओं एवं आसक्तियों का शोधन करती है और उन्हें दिव्य बनाती है। समस्या यह है कि वर्तमान में भक्ति के नाम पर हम भगवान के साथ व्यापार करते हैं। इसलिए छठा ईश्वरीय विधान **प्रेम का विधान** प्रेम, वासना एवं व्यापार के बीच के अंतर को बताता है। यह स्पष्ट करता है कि **हमारे हृदय केवल सच्चे प्यार से संतुष्ट हो सकते हैं, जिसमें दूसरे के आनंद के लिए एक गहरा और महान स्नेह होता है और जो बदले में व्यक्तिगत लाभ नहीं चाहता।** इस दिव्य प्रेम का आधार सेवा का भाव है,

जिसे पहले ईश्वर की ओर विकसित किया जाना चाहिए और फिर सभी रचनाओं के लिए।

इन छह विधानों को क्रमिक रूप से हमें समझने में मदद करने के लिए रखा गया है, जो कि चरणबद्ध तरीके से हमारे सर्वश्रेष्ठ व्यक्तित्व को जगाने की समझ विकसित करने में हमारी मदद करते हैं। सातवाँ और अंतिम विधान **मार्गदर्शन का विधान** सबसे अंत में दिया गया है; लेकिन यह इतना महत्त्वपूर्ण है कि यात्रा की शुरुआत से अंत तक इसकी आवश्यकता होती है। यह बताता है कि **किसी भी क्षेत्र में एक अच्छा गुरु होने से हमें सीखने की अवधि को छोटा करने, लक्ष्य निर्धारित करने, प्रोत्साहन प्राप्त करने, ध्यान केंद्रित रहने, नुकसान से बचने और बहुत कुछ करने में मदद मिलती है।** आध्यात्मिक क्षेत्र में मार्गदर्शक को 'गुरु' कहा जाता है।

जब हम अपने गुरु के संपर्क में आते हैं तो वे हमारी आत्मा के आध्यात्मिक विकास को अंतिम गंतव्य तक पूरा करने में हमारी मदद करते हैं। तब तक मुझे आशा है कि इस पुस्तक का ज्ञान आपकी आध्यात्मिक प्रगति के लिए सहायक होगा।

□

लेखक की अन्य रचनाएँ

7 Mindsets for Success, Happiness and Fulfilment
(Also available in Hindi & Marathi)

Bhagavad Gita, The Song of God

Essence of Hinduism

Science of Healthy Diet

Spiritual Dialectics

The Science of Mind Management
(Also available in Telugu & Gujarati)

Yoga for Body, Mind, and Soul

बच्चों के लिए पुस्तकें

My Wisdom Book

Festivals of India

Healthy Body, Healthy Mind: Yoga for Children

Inspiring Stories for Children (set of 4 books)

Mahabharat

My Best Friend Krishna

Ramayan

Saints of India

□

आइए, जुड़ें

अगर आपने पुस्तक पढ़ने का आनंद उठाया और स्वामी मुकुंदानंद से जुड़ने के इच्छुक हैं तो आप उन तक निम्नलिखित किसी भी माध्यम से पहुँच सकते हैं—

वेबसाइट : *www.swamimukundananda.org*

www.jkyog.org, www.jkyog.in

यू-ट्यूब चैनल : ‘स्वामी मुकुंदानंद’ और ‘स्वामी मुकुंदानंद हिंदी’

फेसबुक : ‘स्वामी मुकुंदानंद’ और ‘स्वामी मुकुंदानंद हिंदी’

इंस्टाग्राम : ‘स्वामी मुकुंदानंद’ और ‘स्वामी मुकुंदानंद हिंदी’

पिंटरेस्ट : स्वामी मुकुंदानंद जेके योग

ट्विटर : स्वामी मुकुंदानंद (@Sw_Mukundananda)

लिंक्डइन : स्वामी मुकुंदानंद

पॉडकास्ट्स : एप्पल, गूगल, साउंडक्लाउड, स्पॉटिफाई, स्टिचर

जेकेयोग रेडियो : IOS के लिए ट्यूनइन ऐप (एप्पल ऐप स्टोर) और एंड्रॉइड (गूगल प्ले स्टोर)

जेकेयोग ऐप : IOS (एप्पल ऐप स्टोर) और एंड्रॉइड (गूगल प्ले स्टोर) पर उपलब्ध।

वॉट्सऐप डेली इंस्पीरेशंस : हमारी दो ब्रॉडकास्ट लिस्ट्स हैं। आप चाहें तो दोनों या किसी एक से जुड़ सकते हैं।

अमेरिका : +1 346-239-9675

भारत : +91 84489 41008

इ-मेल : deskofswamiji@swamimukundananda.org

‘7 डिवाइन लॉज़’ या स्वामी मुकुंदानंद को अपने संगठन, जैसे कि—गूगल, इंटेल, ऑरेकल, वेरिजॉन, यूनाइटेड नेशंस, स्टैनफोर्ड यूनिवर्सिटी, येल यूनिवर्सिटी, आई.आई.टी. एवं आई.आई.एम. में बुलाने के लिए लिखें—info@sm-leadership.org

□

लेखक परिचय

स्वामी मुकुंदानंद एक विश्वप्रसिद्ध आध्यात्मिक शिक्षक तथा मन-प्रबंधन विषय के विशेषज्ञ हैं। इनका पालन-पोषण भारत में हुआ। इन्होंने आई.आई.टी., दिल्ली एवं आई.आई.एम., कलकत्ता जैसे प्रतिष्ठित संस्थानों से डिग्रियाँ प्राप्त करीं एवं जगद्गुरु श्री कृपालुजी महाराज के चरणकमलों में बैठकर, वैदिक शास्त्रों का अध्ययन किया। अब वे सर्वत्र लोगों को वास्तविक तथा नित्य आनंद के मार्ग का ज्ञान देने में ही अपना समय व्यतीत करते हैं। अपनी व्यस्त दिनचर्या के बीच वे पुस्तक-लेखन, प्रवचन और सी.डी. व डी.वी.डी. रिकॉर्डिंग आदि कार्य करते हैं तथा विश्व भर में फैले अपने अनुयायियों का मार्गदर्शन करते हैं।

स्वामीजी के व्याख्यान हास्यपूर्ण होते हैं, उनके विषय तर्कसंगत एवं सुव्यवस्थित होते हैं और इन सबसे परे, उनके उपदेश व्यावहारिक होते हैं। यू-ट्यूब और अन्य सोशल मीडिया प्लेटफॉर्म्स पर उनके व्याख्यानों को लाखों लोग न केवल पसंद करते हैं, बल्कि अनुसरण भी करते हैं। वे दो बेस्टसेलर पुस्तकों 'सफलता, प्रसन्नता व संतुष्टि के लिए 7 मानसिकताएँ' और 'द साइंस ऑफ माइंड मैनेजमेंट' के लेखक हैं। स्वामीजी का प्रवास मुख्य रूप से भारतवर्ष तथा अमेरिका में होता है।

□□□